网络创业培训教程

（直播版）

直播创业培训课程研发组 编

中国劳动社会保障出版社

图书在版编目（CIP）数据

网络创业培训教程：直播版/直播创业培训课程研发组编. -- 北京：中国劳动社会保障出版社，2021

ISBN 978-7-5167-4982-1

Ⅰ.①网… Ⅱ.①直… Ⅲ.①网络营销–教材 Ⅳ.① F713.365.2

中国版本图书馆 CIP 数据核字（2021）第 140012 号

中国劳动社会保障出版社出版发行

（北京市惠新东街 1 号 邮政编码：100029）

*

北京市白帆印务有限公司印刷装订 新华书店经销
880 毫米 × 1230 毫米 16 开本 10.25 印张 189 千字
2021 年 8 月第 1 版 2024 年 4 月第 9 次印刷
定价：48.00 元

营销中心电话：400-606-6496
出版社网址：http://www.class.com.cn

版权专有 侵权必究

如有印装差错，请与本社联系调换：（010）81211666
我社将与版权执法机关配合，大力打击盗印、销售和使用盗版
图书活动，敬请广大读者协助举报，经查实将给予举报者奖励。
举报电话：（010）64954652

前言

回望过去十年，世界经济格局已发生天翻地覆的变化，昔日的互联网"蓝海"创业领域如今已成为一片"红海"，甚至销声匿迹，而新的"蓝海"和创业机会不断涌现。

2020年，受新冠肺炎疫情影响，以线下实体模式作为主要支撑的餐饮、娱乐、旅游、零售、制造等传统产业在较长时间内被迫按下"暂停键"，而无接触的直播经济则以其强大的即时性、交互性等特点为人们打开了另一扇窗，推动各行各业快速进入"降本增效促营销"的数字化新征程。不觉春风换柳条，仿佛就在一夜之间，"直播+"营销方式和商务模式在各个领域多点开花，成为后疫情时代消费重启的新动力、企业转型的加速器、经济提振的新引擎。

除此之外，5G、大数据、VR（virtual reality，虚拟现实）、人工智能、云计算等新技术的广泛应用和深入发展更是推动直播经济进入了蓬勃发展的爆发期，无论是直播平台新增数量、网红主播活跃程度、直播用户增长速度，还是创投资本的推动力度都纷纷创下历史新高。直播带货、直播带岗、限量、补货、快消等词汇在新的语境中被赋予新的文化内涵。以淘宝、京东、拼多多等为代表的电商类直播，以抖音、快手、小红书等为代表的内容类直播，以及以腾讯看点、微信视频号等为主的社交类直播，借助不同领域的头部主播和政策红利创造了一波又一波令人瞩目的创富神话。

直播经济在中国的大爆发，归根结底得益于自身的内在规律、历史蓄能和时代赋能。2020年7月，国家发展改革委等十三部门发布《关于支持新业态新模式健康发展 激活消费市场带动扩大就业的意见》（发改高技〔2020〕1157号），明确"支持微商电商、网络直播等多样化的自主就业、分时就业"，强调"引导'宅经济'合理发展，促进线上直播等服务新方式规范健康发展"。2021年3月，李克强总理在《政府工作报告》中强调，"运用好'互联网+'，推进线上线下更广更深融合，发展新业态新模式，为消费者提供更多便捷舒心的服务和产品"，进一步从国家政策层面引导网络创业、直播创业、直播就业等新型网络经济形态从理论到实践的深化和优化，引导广大创业者积极把握市场机会，深挖行业发展价值，推动"互联网+"思维集合和裂变，并以此实现更大的商业收益。

为应对网络创业和直播经济的发展大势，积极落实中国就业培训技术指导中心印发的《关于印发〈网络创业培训技术要点〉的通知》

（中就培发〔2021〕2号），作为网络创业培训项目的先行者和深度参与者，杭州沃土教育科技股份有限公司（以下简称沃土股份）邀请国家网络创业培训师、直播行业资深创业者、互联网营销专业人士以及奋斗在创业培训教学服务领域的一线讲师，经过持续而深入的研发，推出了本教材，用以指导网络创业培训学员开展理论学习和投身创业实践，开创网络社会共建共享的新局面。

教材内容共7章，从网络创业与直播经济的宏观视角切入，从"启迪观念、普及常识、引导实践"三大维度向学员系统展示了直播创业从理论素养到落地实施的壮阔图景。第1章网络创业与直播经济，从理论层面引导学员了解有关网络创业与直播经济的基本内涵、发展现状和发展趋势，以及直播的主要类型和盈利模式；第2章直播创业项目选择与分析，从项目选择的内外部视角帮助学员领会直播创业项目选择、分析、描述及风险控制的相关方法；第3章直播创业筹划，围绕内容筹划、人员筹划、现场筹划和资金筹划四个方面，引领学员全方位掌握项目运营前的关键操作技能；第4章直播运营，从项目"计划、组织、实施、控制"的角度引导学员熟悉直播运营的关键要素、基本原理和运营设计方法；第5章直播实施，从直播运营的实际操作入手，帮助学员一步步领会并掌握一场完整的直播活动所包含的前、中、后执行过程；第6章直播推广，从市场营销的角度帮助学员梳理直播推广的渠道，引导学员不断优化直播推广方式，推动公域流量和私域流量精准变现；第7章直播运营优化，从数据分析和工作任务要点分析的角度帮助学员掌握直播运营优化思路，提炼优化方案并进一步落地实施。

互联网在很大程度上点亮了青年创业的梦想之路，相信本教材能为网络创业领域的有识之士带来别具一格的思维视角。当然读书只是学习形式之一，真知的形成需要深度思考和持续聚焦。在本教材之外，我们将打造一个线上线下立体学习的交互社区，每位学员在实践中遇到的困惑、积累的经验、鲜活的案例都将成为学习本教材的重要参考。

本教材适合的读者群体包括直播领域创业者或从业者、有意愿成为直播领域创业者或从业者的人员、从事网络直播创业培训教学及管理工作的人员，以及其他对网络创业尤其是直播创业感兴趣的社会各界人士。

在本教材付梓之时，我们要特别感谢全体参与项目建设的领导、专家、学者、一线讲师、资深互联网研究者，感谢认真参与学习并提供宝贵意见和建议的学员，感谢社会各界的大力支持，同时也要对沃土股份所有默默无闻、无私奉献的工作人员致以深深的谢意和敬意！

祝考林

第 1 章 / 网络创业与直播经济 /1

1.1 网络创业蓬勃发展 /4
1.1.1 网络创业的发展阶段 /4
1.1.2 网络创业的发展趋势 /6

1.2 直播经济风生水起 /10
1.2.1 直播经济的发展现状 /10
1.2.2 直播经济的发展历程 /11
1.2.3 直播的主要类型 /12
1.2.4 直播的盈利模式 /15

第 2 章 / 直播创业项目选择与分析 /19

2.1 选择直播创业项目 /21
2.1.1 选择直播创业项目的内部视角 /21
2.1.2 选择直播创业项目的外部视角 /22

2.2 分析直播创业项目 /25
2.2.1 分析自身资源 /25
2.2.2 分析市场趋势 /26
2.2.3 分析盈利空间 /27

2.2.4 分析可操作性 /27
2.3 评估直播创业风险 /31
2.3.1 违法违规风险 /31
2.3.2 供应风险 /31
2.3.3 现场失误 /32

第 3 章 / 直播创业筹划 /35

3.1 直播内容筹划 /37
3.1.1 定位直播内容 /37
3.1.2 选择直播平台 /42
3.2 直播人员筹划 /48
3.2.1 打造人气主播 /48
3.2.2 组建直播团队 /54
3.3 直播现场筹划 /57
3.3.1 直播间硬件基础 /57
3.3.2 直播场景选择 /60
3.4 直播资金筹划 /62
3.4.1 投资资金 /63
3.4.2 流动资金 /64

第 4 章 / 直播运营 /67

4.1 直播运营关键要素 /69
4.1.1 直播运营关键要素——人 /70
4.1.2 直播运营关键要素——货 /73
4.1.3 直播运营关键要素——场 /73
4.2 直播运营基本原理 /74
4.3 直播运营设计 /74
4.3.1 直播总体设计 /75

4.3.2　直播内容设计 /77
4.3.3　直播脚本设计 /78

第 5 章 / 直播实施 /85

5.1　开播前的准备 /87
5.1.1　开播前物料检查 /87
5.1.2　直播场景搭建 /88
5.1.3　开播前相关测试 /91
5.1.4　开播前活动预演 /91

5.2　直播中的实施 /91
5.2.1　直播活动流程 /92
5.2.2　直播互动 /93

5.3　直播后的复盘 /95
5.3.1　对照目标 /96
5.3.2　数据分析 /97
5.3.3　问题改进 /98
5.3.4　复盘记录 /99

第 6 章 / 直播推广 /101

6.1　直播推广渠道 /103
6.1.1　平台内公域推广渠道 /103
6.1.2　平台内私域推广渠道 /107
6.1.3　平台外媒体推广渠道 /110

6.2　直播推广方式 /110
6.2.1　图文推广 /110
6.2.2　短视频推广 /113
6.2.3　社群营销 /118
6.2.4　平台营销 /121

6.3　直播推广规划 /122
 6.3.1　目标分析 /123
 6.3.2　推广分析 /123

第 7 章 / 直播运营优化 /125

7.1　直播运营优化思路 /127
7.2　直播运营数据分析优化 /129
 7.2.1　基础性数据分析优化 /129
 7.2.2　销售性数据分析优化 /131
7.3　直播运营工作任务要点分析优化 /134
 7.3.1　对人的层面分析优化 /134
 7.3.2　对货的层面分析优化 /137
 7.3.3　对场的层面分析优化 /141
7.4　直播运营优化方案实施 /142

附录　相关政策文件要点摘录 /145

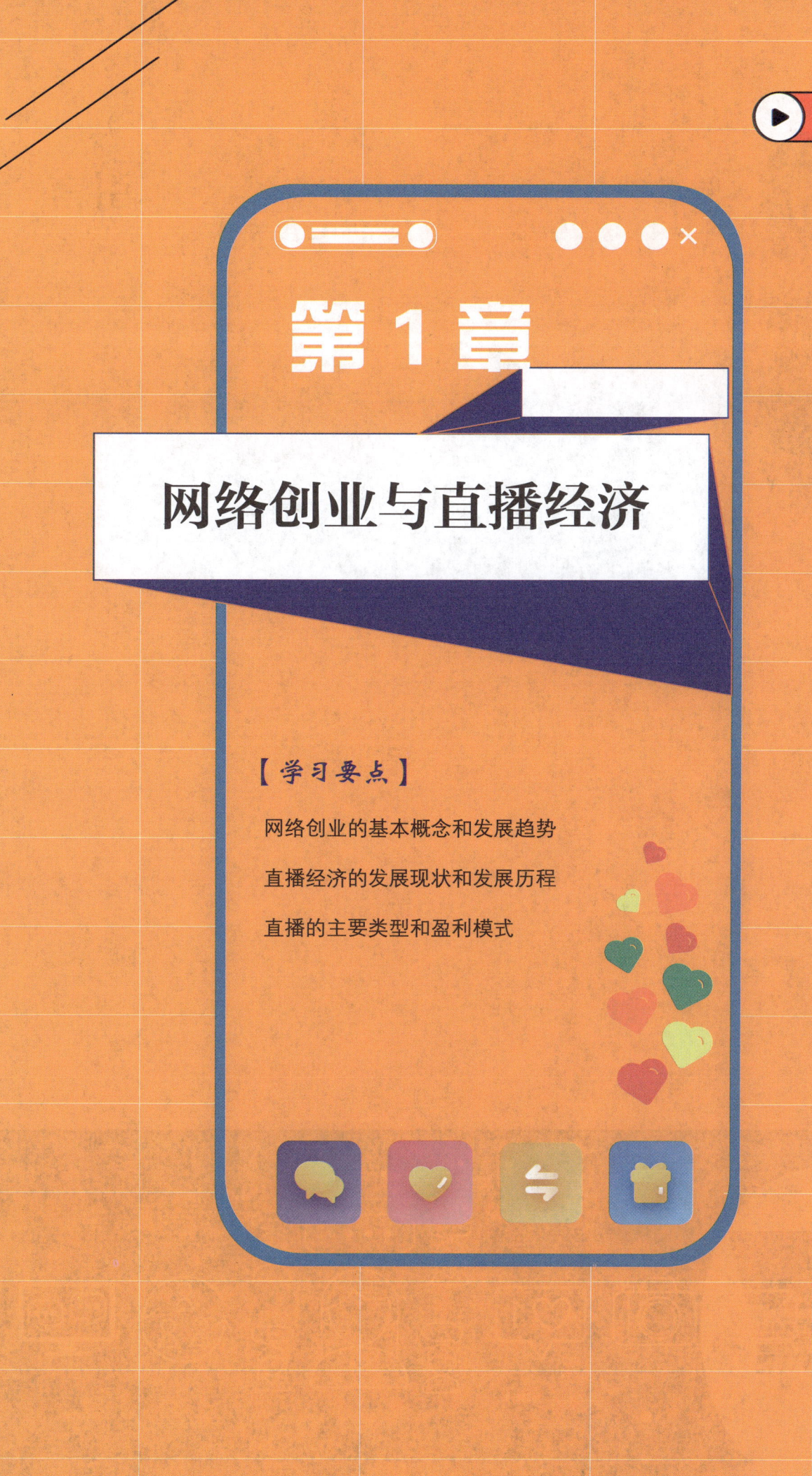

引言

网络经济是以互联网为依托,以现代信息技术为核心,将企业经济资源和社会资源进行梳理融合的新型经济业态,其核心动因是科技知识的创新和信息产能的积累,在全球经济增长中发挥着越来越重要的作用。

截至 2020 年年底,我国网民规模为 9.89 亿人,其中网络直播用户规模达 6.17 亿人,井喷式的网络直播成为连接遭遇创收瓶颈的商家和"宅文化"渗透之下的消费者之间的重要纽带。身处风口的直播业态也成为诸多企业踏足网络经济的切入点和落脚点,很多网络创业者也顺势而为,从风生水起的直播经济中分得"一杯羹",以实现大环境影响之下的商业转型和经济增收。互联网和直播经济拓宽了传统行业的经营范围和业务模式,在新冠肺炎疫情防控常态化下逆势发展,不仅改变和重塑了社会生活的方方面面,同时也深刻影响了创业,尤其是网络创业。

本章将从网络创业的宏观视角引入,深入解读直播创业的概念,同时对直播创业的商业模式和创业机会进行深入浅出的探究。通过这一章的学习,创业者可初步了解直播创业,为之后的创业实践储备一定的理论知识。

创业①是创业者及创业团队对已经拥有的资源或通过努力能够获取的资源进行优化整合，从而创造出更丰厚、更优质的经济或社会价值的过程。一般来说，对于创业者而言，创业的本质是一种以获得利润为目的的商业活动。

创业作为一种商业行为普遍存在于各种经济主体和个人活动中，其本质无法脱离"创造"的核心内涵，包含企业主体的创造、经济价值的创造、社会价值的创造、个人价值的创造等。创业活动需要创业者结合自身的知识体系、眼光、胆识、谋略等因素，突破当前资源的限制，对特定的细分市场和周密的商业计划进行合理的匹配，进而创造出更多的价值。

结合创业学的相关理论和大量的创业实践分析，创业活动从不同维度可被划分为不同的类型。按照创业主体的不同，可分为个人创业、组织内部创业、团队创业等；按照创业动机的不同，可分为生存型创业和进取型创业等。

本章将对网络创业以及由新型社会经济形态——直播经济所催生的直播创业做深入探讨。

---

① 关于创业的定义，目前学界尚未形成统一认识。被誉为"创业教育之父"的杰夫里·提蒙斯（Jeffry A.Timmons）在其所著的创业教育领域的经典教科书《创业创造》（New Venture Creation）中对创业给出的定义是：创业是一种思考、推理结合运气的行为方式，它为运气带来的机会所驱动，需要在方法上全盘考虑并拥有和谐的领导能力。

1.1 网络创业蓬勃发展

作为一种以互联网为基础的资源整合方式，网络创业具有创新性、智能性、公平性、灵活性、衍生性以及创业者年轻化等特征，其在过去的二三十年中依次经历了兴起前的技术准备、起步、崛起、调整和转型、普及以及智能化等发展阶段。当前，在各种因素尤其是移动互联网、5G、云计算、VR等新型网络技术的共同促动下，网络创业观念越来越深入人心。

在网络技术条件日新月异、网民数量逐年激增、各级政府持续出台相关政策等大背景之下，相关领域的学者纷纷基于各自的社会角色和对网络创业的参与程度对网络创业的概念进行了科学的梳理和界定。统而言之，网络创业可以被认为是创业主体利用互联网技术和平台开办企业或从事与网络资源相关的商业活动。同其他创业模式一样，网络创业的本质也是创造。

1.1.1 网络创业的发展阶段

互联网在我国的发展始于20世纪90年代。1994年4月20日，我国通过美国Sprint公司连入的64K国际专线开通，实现了与互联网的全功能对接。从技术资源的角度看，自那时起我国就具备了开展网络创业的基本条件，但出于多种社会因素的限制，那时的网络在普通民众眼里还只是科研院所里的神秘产物。1995年1月，中国电信开通了北京、上海两个接入互联网的节点，互联网开始面向社会提供服务。该事件被看作中国互联网商业的起点，1995年，也因此被定义为中国互联网商业的元年。这一年，一些先知先觉的创业人士看到了互联网中蕴藏的巨大的商业价值，马云创建了名为"中国黄页"的网站；丁磊从宁波电信局离职，南下广州投身互联网行业；张朝阳在麻省理工学院毕业后回国，并在不久后创建了爱特信公司（搜狐前身）……随后，在"网景""雅虎"等国外互联网公司接连上市并赚取丰厚利润的刺激之下，国内各式各样的网络创业公司也如雨后春笋般不断崛起，网络创业以星火燎原之势进入大众视野。

从经济和社会影响层面看，互联网的接入和迅速普及不仅改变了中国人获取信息的方式，更重塑了社会生活的方方面面，传统经济模式之下被禁锢的产能不断得到释放，诸多有梦想、有激情的创业者借助互联网技术开启了创业的"新蓝海"，在促进国民经济发展的同时也给自己带来了巨大的财富和荣耀。在这二十多年间，网络创业浪潮风起云涌，其发展形式也是日新月异。创业者在了解互联网发展历史之后，还需要了解网络创业的四个发展阶段，借此从宏观认知层面打下创业基础。网络创业的四个发展阶段即信息门户阶段（1994—2000年）、社交化阶段（2001—2008 年）、PC（personal computer，个人计算机）互联网到移动互联网发展阶段（2009—2014 年）、"互联网+"智能化发展阶段（2015 年至今），如图 1-1 所示。

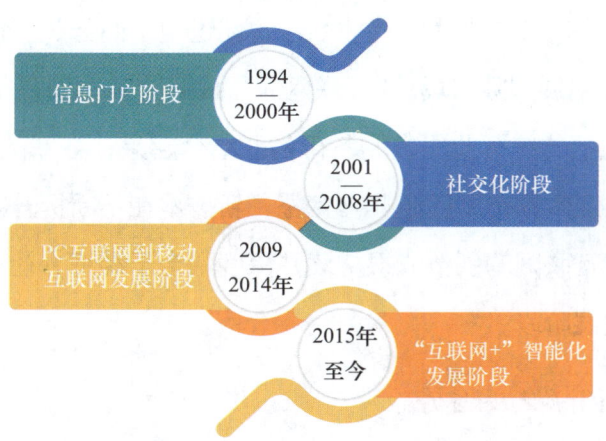

图 1-1 网络创业的四个发展阶段

（1）信息门户阶段（1994—2000 年）

1994—2000 年，网易、搜狐、腾讯等互联网公司相继诞生，门户网站作为集成式内容的综合服务提供商，一时间成为网络创业者相继追捧的对象。但随着社交化网络的迅猛发展，网络上的内容不再是稀缺品，提供更精准的服务和满足更高层次的用户需求成为新的创业方向。

（2）社交化阶段（2001—2008 年）

2001—2008 年，社交化网络摒弃了"网络是单一的获取信息的途径"这一观念，进入了用户和平台初级交互的阶段。在这个阶段，运用博客、论坛、微博、贴吧等自媒体平台进行网络创业的现象层出不穷。在社交化阶段，用户对产品或服务的体验成为创业者高度关注的内容和方向。从商业模式所包含的各项因素来看，社交化阶段支付方式、购物体验、消费保障等各个环节趋于成熟，网络创业对公众消费理念和生活方式的影响也更加深刻。

（3）PC 互联网到移动互联网发展阶段（2009—2014 年）

2009—2014 年，网络创业进入了从 PC 互联网到移动互联网发展阶段。移动互联网带来了以消费者为中心的产业模式重构，中国互联网发展驶入快车道。从技术性质上讲，移动互联网充分利用了消费者的碎片化时间，很大程度上保证了各类商务活动的无缝对接。创业者在以 App（application，应用程序）作为主要创业载体的活动中屡创佳绩，"拇指经济"发展势头迅猛。从用户体验的角度讲，移动互联网在应用场景、服务对象、服务模式等方面与 PC 互联网有很大不同，移动互联网所具有的可令用户随时随地接入互联网的特性，某种程度上重构了人们的生活方式和价值理念，成为网络创业者的关注热点。

（4）"互联网+"智能化发展阶段（2015年至今）

2015年，李克强总理在政府工作报告中提出，制定"互联网+"行动计划，推动移动互联网、云计算、大数据、物联网等与现代制造业结合，促进电子商务、工业互联网和互联网金融健康发展，引导互联网企业拓展国际市场。"互联网+"战略究其本质是指利用信息通信技术和互联网平台，把互联网和包括传统行业在内的各行各业结合起来，在新的领域创造一种新的生态。时至今日，多数领域的上层数据布局已经非常完整，新技术在不断提升效率的同时，也在深刻改变和重塑商业模式。随着互联网的创新成果持续并深度融合于经济、社会各领域之中，网络创业也进入了全新的智能化发展阶段。

1.1.2　网络创业的发展趋势

近年来，网络经济的深入发展和网络技术的迅速迭代不断影响着创业环境。在"互联网+"的时代大背景之下，网络创业观念日益深入人心，互联网的普及化程度越来越高，政策环境越来越优化，关于网络创业的理论研究也越来越深入。越来越多的创业者转变了对网络创业的观望态度，逐渐加入坚定支持者和实践者的行列。下面将对现阶段网络创业的几大发展趋势进行介绍。

（1）网络创业市场空间不断扩大

截至2020年12月，我国网民规模为9.89亿人，互联网普及率达70.4%，其中手机网民规模达9.86亿人，占网民总数的99.7%。庞大的网民数量构成了我国互联网产业蓬勃发展的用户基础。

图1-2、图1-3、图1-4、图1-5相关数据取自CNNIC（China Internet Network Information Center，中国互联网络信息中心）发布的第47次《中国互联网络发展状况统计报告》（以下简称《报告》），近年来发布的我国网民规模、手机网民规模、互联网普及率、网民城乡结构、网民学历结构、网民个人月收入结构等数据从多个维度展示了我国互联网发展状态。建议网络创业者查阅《报告》原文了解更多深度数据内容。

截至2020年12月，我国网民规模达9.89亿人，较2020年3月增长8 540万人；手机网民规模达9.86亿人，较2020年3月增长8 886万人，网民使用手机上网的比例达99.7%，较2020年3月提升0.4个百分点；互联网普及率达70.4%，较2020年3月提升5.9个百分点。

第 1 章　网络创业与直播经济

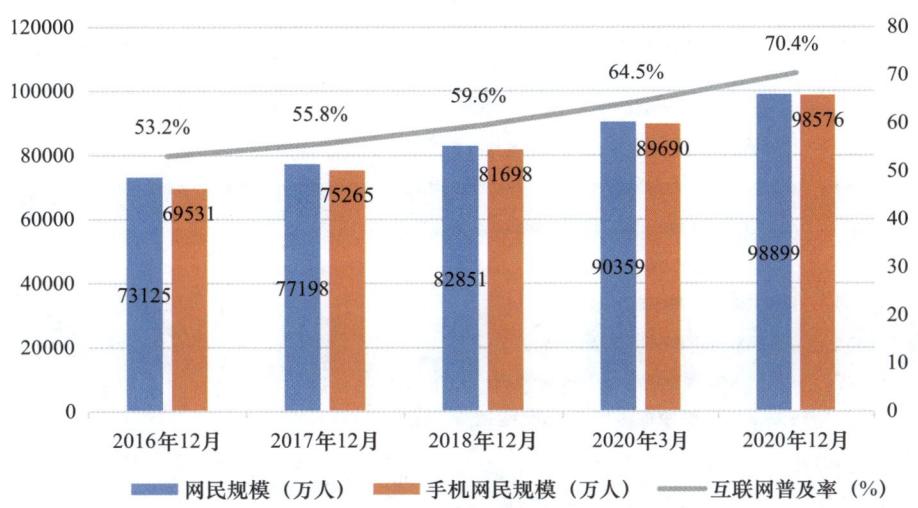

图 1-2　网民规模、手机网民规模及互联网普及率

截至 2020 年 12 月，我国农村网民规模达 3.09 亿人，占网民整体规模的 31.3%，较 2020 年 3 月增长 5 471 万人；城镇网民规模达 6.8 亿人，占网民整体规模的 68.7%，较 2020 年 3 月增长 3 069 万人。从整体来看，近年来农村网民规模占比逐年增加。

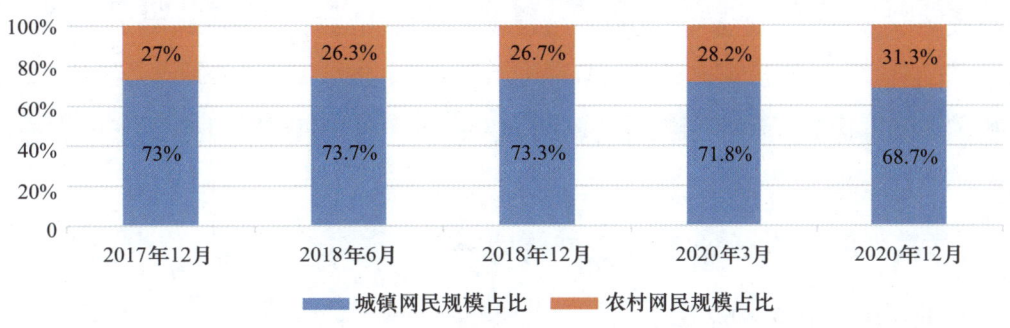

图 1-3　网民城乡结构

截至 2020 年 12 月，初中、高中/中专/技校学历的网民群体占比分别为 40.3% 和 20.6%；小学及以下学历网民群体占比由 2020 年 3 月的 17.2% 提升至 19.3%。

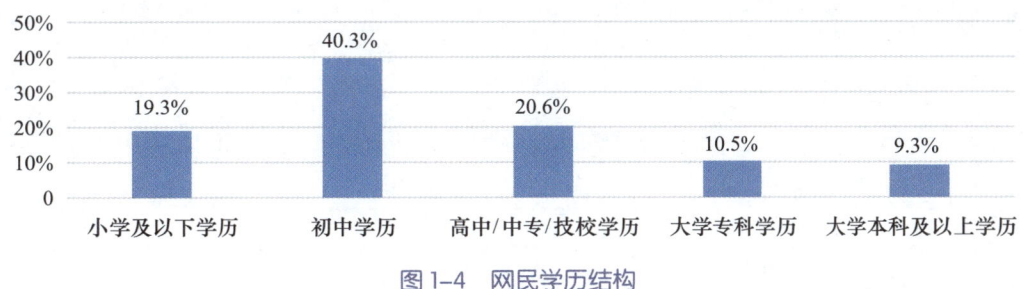

图 1-4　网民学历结构

截至 2020 年 12 月，月收入 2 001~5 000 元的网民群体占比为 32.6%，月收入 5 000 元以

上的网民群体占比为29.3%，有收入但月收入1 000元以下的网民群体占比为15.3%。

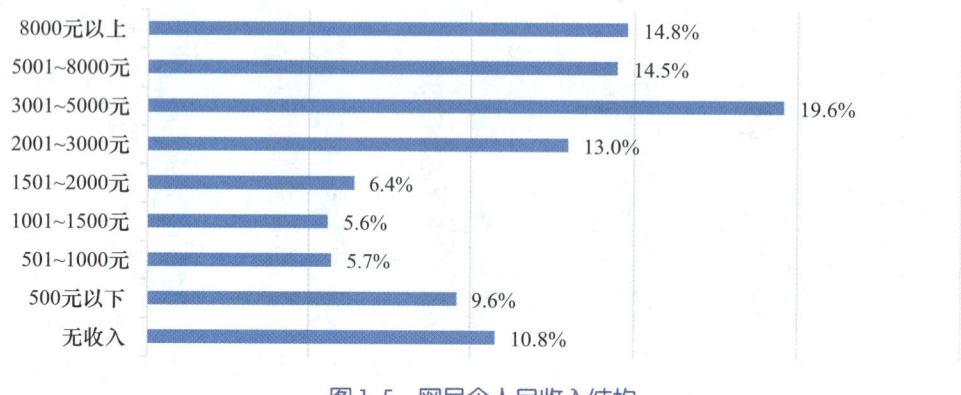

图1-5　网民个人月收入结构

从市场细分数据来看，截至2020年12月，我国网络购物用户规模达7.82亿人，占网民总数的79.1%；网络直播用户规模达6.17亿人，占网民总数的62.4%，其中电商类直播用户规模达3.88亿人，占网民总数的39.2%。网络经济不断发展，成为社会经济增长的新动能、新业态、新模式。尤其是2020年新冠肺炎疫情期间，网络经济在保障消费和就业、推动复工复产等方面发挥了至关重要的作用。在线教育、在线旅游、网约车等行业发展迅速，呈现出强大的生命力。相关数据显示，新冠肺炎疫情期间多个在线教育应用的日活跃用户数达到千万人以上。从创业层面看，不断增加的网民数量和不断细分的网络消费市场，都为网络创业创造了极好的基础条件，尤其在国家的"互联网+"战略推动下，互联网在促进产业升级、助力乡村振兴、优化消费结构等方面发挥了重要作用，网络创业的市场空间也将不断扩大。

（2）网络创业内容形式不断丰富

互联网发展至今，已不再是一个单纯的概念或工具，在某种程度上，它甚至等同于生活方式本身，它带来的技术革新和公众价值理念的深度更迭，带动了传统行业从内到外的智能化升级改造。电子商务、信息搜索、网络通信、在线教育、网络社区（微信、直播、短视频）等平台、应用或商务模式全方位降低了互联网使用门槛，不断丰富消费者的文化娱乐生活；"互联网+政务服务"在提高政府行政工作效率的同时，加速推进政民互动，着力解决群众日常办事的堵点、痛点和难点；"互联网+扶贫"充分挖掘互联网在精准扶贫和脱贫方面的潜力和能力，激发了贫困地区群众自主发展的内生动力，创造出了日益显著的经济价值。随着5G、大数据、人工智能、云计算、VR等新技术的应用和发展，未来互联网还将对更多产业和更多的细分领域进行重塑，优化和创造出更多的消费场景，网络创业的内容和形式也将不断得到丰富和优化。例如，随着5G等移动通信技术的不断进步，以VR技术为支撑的创业模式将对电子商务、网络直播等产生革新性甚至颠覆式影响。

（3）线上线下融合型创业模式不断深化

随着 O2O（online to offline，线上到线下）到新零售线上线下融合模式的深入发展，移动支付普及率越来越高，线下零售产业链高效接入互联网体系，各细分市场将逐步进入线上线下一体化阶段。新零售时代的核心价值在于通过多种新型技术的整体赋能，持续向消费者提供跨渠道、多元化和无缝化的消费体验，而消费场景的多元化也促使营销方式不断发生变革，"全渠道营销"正成为助力零售行业转型升级的新型营销模式，其优势在于整合不同类型的平台或渠道令产品或服务全景式触达消费者，并通过大数据精准分析不同类型消费者的独特需求，从而全面提升劳动生产率、产销精准率、服务效率和服务品质。从网络创业的角度来讲，全渠道线上线下协同营销的商业逻辑推动了网络创业模式的不断变革和深化。图 1-6 展示了微信"大会员池"从数据层到线上线下的全渠道营销模式。

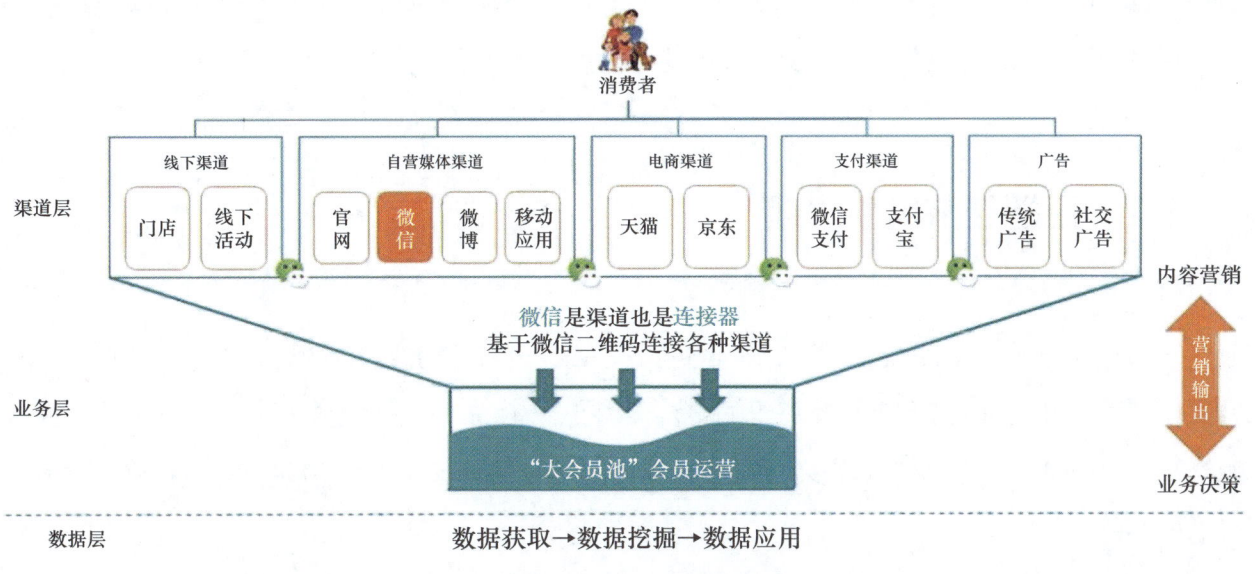

图 1-6 微信全渠道营销模式示意图

（4）时势造直播——"直播+"创业模式发展迅速

究其本质，直播并非新鲜事物。从早期的 YY、9158 等 PC 直播到 2016 年淘宝、快手上线直播功能，再到 2018 年虎牙、映客的上市，直播从一个流量工具逐步发展到社交平台，大众对直播的认知以及直播的变现方式也逐渐改变。2020 年，受新冠肺炎疫情影响，大众的线下消费需求被抑制，而直播经济则以其强大的即时性和交互性功能缩短了产品或服务抵达消费者的距离，实现了更便捷、更独特的消费体验，直播趋于普及化和大众化，成为重启消费的新动力。2021 年 3 月，李克强总理在《2021 年政府工作报告》中进一步强调，"运用好'互联网+'，推进线上线下更广更深融合，发展新业态新模式，为消费者提供更多便捷舒心的服务和产品"。

从商业模式的运营逻辑来讲，不论是电商类直播还是内容类直播，最初目的都是延长用户在平台的停留时间以提高用户黏性，盈利模式主要依靠用户付费。而近年来随着短视频、社群电商的发展，单一的商业模式不能促使直播行业稳步前行，"网红"经济不断成熟，主播的个人品牌在多元化营销模式的助推下显现出了强劲的生命力，"直播+"呈现出更加丰富多元的表现形式，市场发展潜力不断被深挖。"直播+"模式推动了直播平台向产业链各端渗透，产能价值进一步得到释放。在众多"直播+"创业模式中，作为电子商务新型营销方式的"直播+电商"尤为引人注目，在相关政策法规相继出台的大背景之下，正式被官方和大众所接纳。与此同时，"直播+电商"行业内部也开始了更专业更精细的分化，MCN（multi-channel network，多频道网络）机构、供应链等形式各异的业态应运而生。除"直播+电商"之外，"直播+电竞""直播+音乐""直播+体育"及"直播+公益"等新型网络经济业态和创业模式层出不穷，直播经济进入了快速发展期，其蓬勃的生命力和广阔的发展前景强势并行。

1.2　直播经济风生水起

直播经济作为"互联网+"的新型网络经济形式，具有互动性强、平台广泛、时空限制小等特点，某种程度上可以视作互联网思维的集合和裂变。互联网思维是用户思维、流量思维、粉丝思维、场景思维、大数据思维等多种思维模式的交互和碰撞，而直播经济则充分发挥了互联网思维的核心价值。

网络直播是基于互联网平台，将现场直播以视讯的方式上传，以供用户进入直播间观看的传播形式。凭借互联网传播快速、内容直观等特点，以及无地域限制、交互性强等优势，网络直播带来的现场推广效果较传统的传播方式更为显著。

1.2.1　直播经济的发展现状

近五年来我国网络直播用户规模一直保持稳步增长。据 CNNIC 数据统计，截至 2020 年年底，我国网络直播用户规模达 6.17 亿人，未来渗透率仍有较大提升空间。图 1-7 所示为 2017 年 6 月至 2020 年 12 月我国网络直播用户规模及使用率。

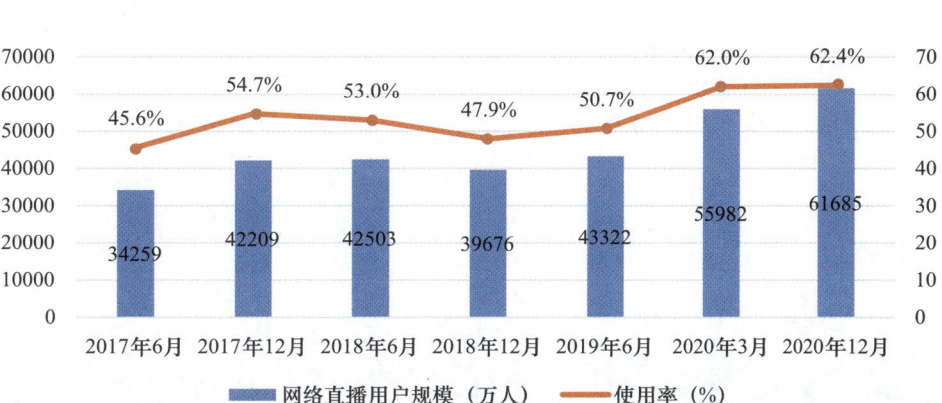

图 1-7　2017 年 6 月至 2020 年 12 月我国网络直播用户规模及使用率

除此之外，5G 技术的发展为直播行业提供了更为清晰和流畅的视频质感，VR、云计算等各项技术的成熟使得直播形式和场景更加多元化，为直播行业带来了更大的发展空间。"直播+"产品和内容创新不断显现，其中"直播+电商"受关注程度最高，超过 40% 的受访用户表示观看过此类节目。未来，5G、AR（augmented reality，增强现实）、VR、人工智能等新技术将不断开拓出更多应用场景，不断推动用户消费体验升级，网络直播行业的商业价值将进一步被开发，"直播+"商业模式将持续发展。对于网络创业者而言，除了要善于洞察市场机会外，还需要基于数据分析对用户需求进行细分，持续输出更有价值的直播资源，构建更加专业化的直播体系，从而促进流量精准变现，实现创业目标。

1.2.2　直播经济的发展历程

我国直播经济发展经历了四个阶段，即探索期（2005—2008 年）、启动期（2009—2013 年）、爆发期（2014—2016 年）、成熟期（2017 年至今），如图 1-8 所示。

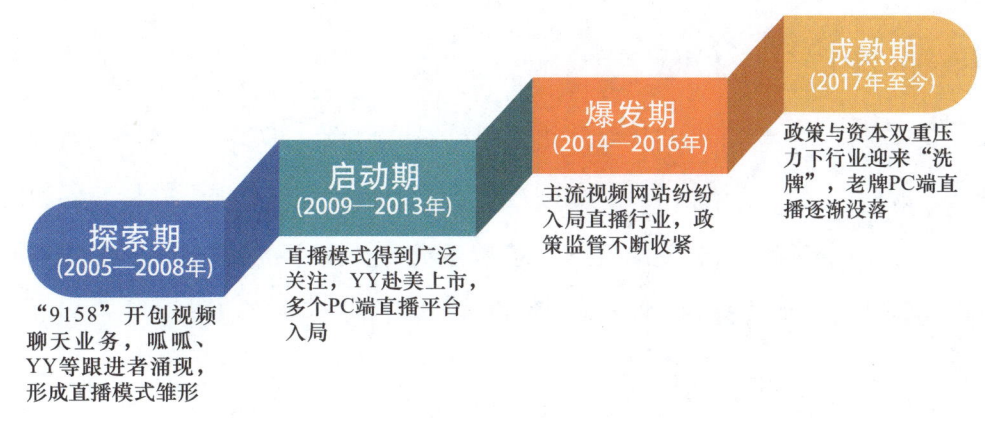

图 1-8　我国直播经济发展的四个阶段

（1）探索期（2005—2008年）

2005年，傅政军建立了"9158"视频交友社区，成为我国视频直播的鼻祖。此后YY、呱呱等成为商业直播的萌芽。这些平台主要依靠观众打赏实现收益，平台和主播分成是其主要商业模式和盈利模式。

（2）启动期（2009—2013年）

随着移动互联网的不断发展，国家不断加强对电竞行业的扶持力度，游戏电竞在年轻人群尤其是青年男性中有着广泛的市场，游戏演示、游戏解说等与游戏相关的服务也受到越来越多的关注。随着斗鱼、虎牙、熊猫等游戏类直播平台高速发展以及网络游戏《英雄联盟》风靡全球，大量游戏玩家进入直播平台，游戏类直播需求在短时间内迅速增加。与此同时，国内外大型电竞赛事的举办打破了人们关于传统电竞的刻板印象，为电竞赢得了更多的关注和支持。2012年，YY研发了电竞直播功能，随后YY赴美上市，多个PC端游戏类直播平台随之入局，直播经济发展全面进入启动期。

（3）爆发期（2014—2016年）

这一阶段直播平台、观众数量都呈井喷式发展。其中，短视频作为流媒体类热门现象脱颖而出。以短视频内容制作为基础，直播流量从PC端转移到移动端，促进了直播内容与互动的即时化，主播的IP（intellectual property，知识产权）属性和个人魅力逐渐成为提升直播频道吸引力的关键，观众在某种程度上也成为内容提供的重要组成部分。此外，在大众创业和万众创新形势影响下，基于直播平台的网络创业也兴起燎原之势，网络直播经济进入了爆发期，产业化进程不断加快。

（4）成熟期（2017年至今）

在政策与资本的双重推动下，直播经济进入新的发展阶段。2020年，受新冠肺炎疫情影响，许多行业遭遇发展瓶颈，而"直播带货"却被推上热潮，原因是电商类直播具有显著的流量转化优势。这种与以往不同的零售方式逐渐成为网络经济领域全新的商务模式，不断发展的直播经济也促使主播日趋职业化。我国直播行业进入多维发展、多强并行的阶段。

1.2.3 直播的主要类型

直播作为新型的互联网技术，可以搭载的内容和形式众多。目前来看，直播主要分为两大类，一类是内容类直播，另一类是电商类直播。

（1）内容类直播

内容类直播是以直播技术为依托，以内容为核心载体的直播模式。内容类直播形式多样，涉及的领域众多，典型代表有娱乐类直播、游戏类直播、公益类直播、教育类直播及其他垂直类直播等。

- **娱乐类直播**。物质生活的极大丰富促使人们追求更高精神层面的满足，娱乐和泛娱乐直播市场前景广阔。"直播＋娱乐"打破了常规娱乐节目的剪辑和排演模式，很大程度上突出了节目的真实性和时效性，主播可通过个人才艺展示、综艺表演等方式积累并深度运营粉丝。与此同时，虚拟物品的打赏也激发了用户的参与感，通过主播与用户之间的互动，增强节目效果。

- **游戏类直播**。游戏类直播是指主播将游戏解说、操作演示、游戏教育、赛事推广等内容通过直播手段输出，进而促进内容和流量复合变现的商务模式。近年来，我国游戏类直播行业发展速度极为迅猛，其原因主要有以下三个方面：一是宽带、主播等成本的控制拉动平台盈利能力持续提升；二是平台付费用户规模的增长及云游戏、付费直播等新业务拓展带动整体市场快速扩张；三是游戏产业一直受到资本的青睐，平台间的竞争以头部直播平台为主，中小平台陆续退出市场，游戏类直播平台的经营模式日趋成熟。由此，游戏类直播行业将产生大量就业岗位和创业机会，不同类型的创业者可根据自身优势及团队资源情况，从中挖掘合适的游戏类直播项目。图1-9所示为2020年我国游戏类直播产业链。

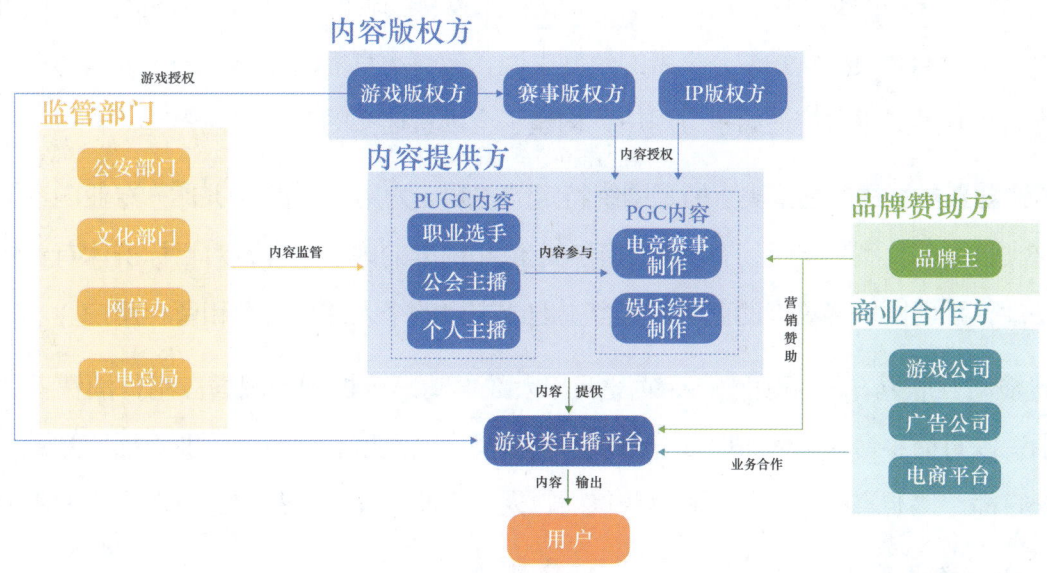

图1-9　2020年我国游戏类直播产业链

注：1. PGC（professional generated content）：互联网术语，指由一小部分专业人士或机构生产的内容，原创程度较高。

2. UGC（user-generated content）：互联网术语，指由普通用户围绕目标站点自行生产的内容，侧重内容的互动性。

3. PUGC：互联网术语，是一种将PGC和UGC结合的内容生产模式，兼具PGC深度和UGC广度。

- **公益类直播**。公益类直播项目覆盖面广，主要包括医疗健康、弘扬传统文化、关爱留守儿童以及宣传道德先锋模范等，公益类直播间通常设有"公益爱心箱"等募捐链接，观众只需点击相应的链接就能为需要帮助的人们献上一份温暖，这种方式在很大程度上简化了传统的公益运作模式，并且可以让越来越多的观众了解公益项目，让更多人参与进来共同支持慈善事业。从社会影响力来看，公益类直播以一种全新的视角和互动模式推动了社会和谐发展。以斗鱼平台为例，在2019年春，斗鱼平台策划了"鱼你同行，造梦公益"大型公益活动，为公益类直播如何传递正能量，如何推进社会公益事业发展做出了很好的诠释。与此同时，众多平台的共同参与及社会各界人士的联合推动，令公益类直播日趋规范化和专业化。

- **教育类直播**。教育类直播打破了传统教育模式下地区教育资源的封闭性和局限性，将一二线城市的优质师资和教育方式普及到低线城市，在一定程度上解决了教育资源分布不均衡的问题。有专家认为，4G时代解决了内容获取和视频资源等问题，而未来直播教育的重点发展方向是基于VR、AR、4K超清等新技术的沉浸式教学。同时，教育类直播还需要结合大数据和人工智能技术对教学活动进行全盘跟踪和综合分析，在全方位呈现优质教育资源的同时追踪用户的学习效果，并实时提出有针对性的解决方案。

从形式上讲，教育类直播利用直播平台的弹幕模式，不仅可以解决教学过程中的师生互动问题，也增强了课程的交互性；同时直播课程的回放功能方便学生对掌握不佳的知识点进行反复回顾，强化了学习效果。从知识分享者的角度来说，教育类直播使教学者的个人能力和才华得到充分的施展，并通过平台传递给千万用户，构建了全场景连接的教学"视界"。

- **其他垂直类直播**。垂直类直播是围绕特定的主题，为用户提供"UGC+专业内容"的直播形式。这类直播的典型特点是，有明确的用户定位和精准的内容引导，对目标群体有着较强的吸引力和黏性，因此比较容易借助直播的内容主题或主播的个人魅力吸引和留存用户。

随着移动互联网在纵深领域的持续发展和大数据精准分析的大规模应用，消费者类型画像逐渐清晰，以直播平台为载体可以细分出众多垂直类直播类型。自媒体创业直播、知识分享型直播、户外直播、旅游直播、专业技术科普直播、人力资源主播等，都将是直播创业的重要方向。

（2）电商类直播

2016年，随着直播行业发展，电商类直播初露峥嵘，此时电商和直播平台着力于打破自身的单一属性，力求将"电商、内容、直播"三种元素有机融合，并试图将双方的流量结合起来转化为经济收益。2019年因当年电商类直播发展迅速而被定义为直播元年。2020年，电商类直播继续迅猛发展，诸多主持人、影视明星、企业家等纷纷"直播带货"。作为电商发展的新阶段，电商类直播的基因是电商，本质是基于技术、媒介、平台、资本、企业和主播等多种因素共同驱动的消费升级。因此，电商类直播既是一种新型的营销模式，又是一种新型的网络创业方式。在电商类直播出现以前，传统电商稳健运营的核心因素包含供应链、流量、物流以及成熟的线上支付体系等，而这些因素在当下已经不再是制约流量平台进行电商运营的障碍，直播作为一种新媒体手段，在市场竞争日趋激烈和营销手段日新月异的整体态势之下，丰富了电商行业的内容与变现方式，为企业和商家带来了缓解销售压力和突破发展瓶颈的途径。京东、拼多多等电商平台陆续涉足直播领域，并将实体商品交易与互动直播形式有机融合，追求在提升用户消费体验的同时真正实现"品效合一"。

1.2.4 直播的盈利模式

继直播元年后短短几年内，国内已经涌现出数量众多、功能各异的直播平台，直播经济逐渐向"直播+电商+娱乐+游戏+金融"等全方位纵深领域发展。从市场结果导向来看，无论是内容类直播还是电商类直播，其最终目的都是实现盈利，这也是企业或商家开展直播营销的出发点和落脚点。那么，各类直播平台究竟是如何实现流量、内容或者"流量+内容"直接变现或复合变现的呢？现阶段直播的盈利模式主要包括打赏、导购、增值、知识付费、广告五种模式，直播创业者要结合自身优势和平台资源，选择最适合自己、对自己而言最有价值的盈利模式。

（1）打赏模式

打赏模式是目前内容类直播中最常见的盈利模式，其运作方式如图1-10所示。主播在直播间为了吸引和留存粉丝使出浑身解数展现才艺，观众可通过充值的方式购买虚拟礼物打赏主播，充值打赏的收益由主播和直播平台分成。在直播经济中，礼物打赏是一种非常普通又普遍的现象。从消费者心理学的角度分析，粉丝打赏自己喜欢的主播是一种基于精神层面的"情怀消费"。打赏模式主要应用在才艺分享、切身体验或有价值的"干货"内容类直播中，代表性平台有斗鱼、YY直播等。

（2）导购模式

导购模式是电商类直播中广泛采用的盈利模式，其运作方式如图1-11所示。直播间广告的投放，包括文字广告、边栏广告、横幅广告等，均可以促使用户进入主播商城购买周边商品，如美妆类主播销售化妆工具、音乐类主播销售话筒、游戏类主播销售机械键盘等。另外，导购模式还有一种运作方式，就是主播在直播间帮助其他店铺引流推广，通过售卖商品获取佣金。

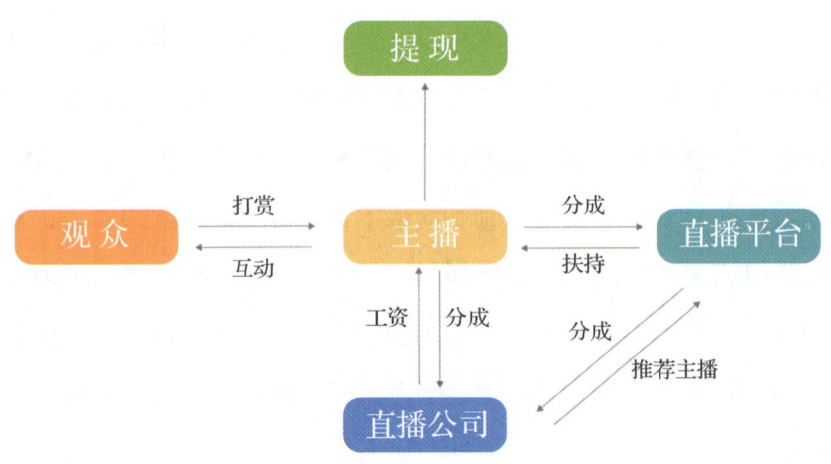

图1-10 打赏模式的运作方式

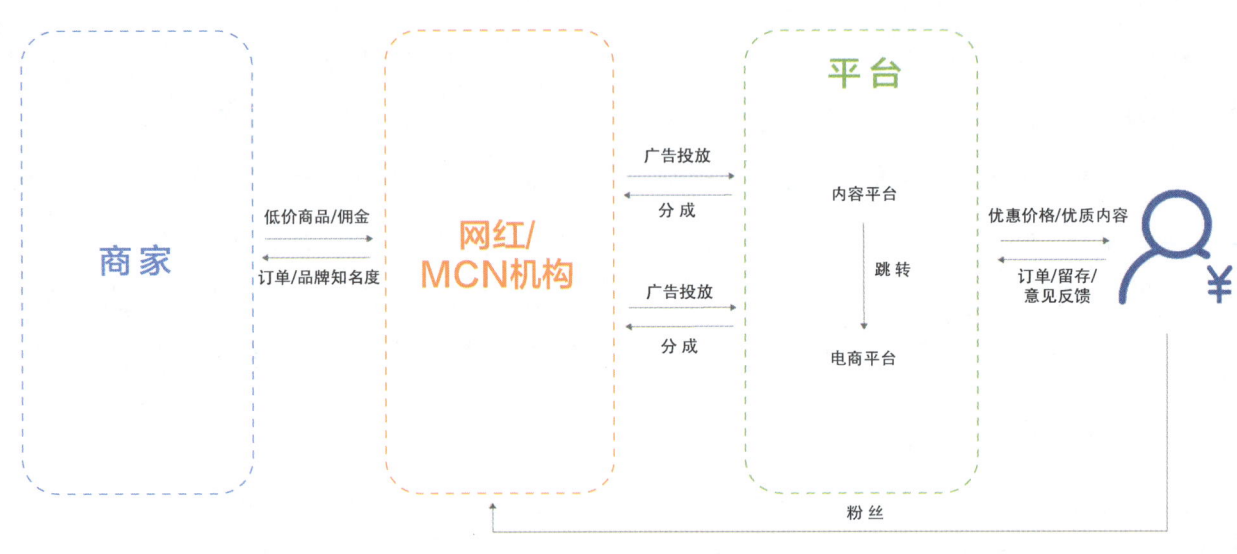

图1-11 导购模式的运作方式

（3）增值模式

在游戏、娱乐等内容类直播中，平台通过向主播或用户售卖虚拟道具或升级权限的方式，收取一定费用，即为增值模式。对于主播而言，常见的增值服务包括添加场控、提高聊天室人员上限、收入翻倍、开通私密直播间等。对于用户而言，常见的增值服务包括个性点赞、特权礼物、视频连线、隐身入场等功能特权，头像美化、会员标识、入场特效等身份特权，向平台支付一定费用以观看指定（付费）节目的内容特权等。

（4）知识付费模式

随着在线教育的不断发展，在线付费学习成为内容类直播方向的创业热点。许多行业专家、KOL（key opinion leader，关键意见领袖，通常指拥有更多、更准确的商品信息，且为相关群体所接受或信任，并对该群体的购买行为有较大影响力的人）等可以借助自身在某专业领域内的知识积累，制作优质的内容并发布在特定的直播平台，通过宣传推广等运营手段，积累粉丝并促使其转化为付费用户。知识付费也是当下直播行业中重要的盈利模式，其运作方式如图 1-12 所示。

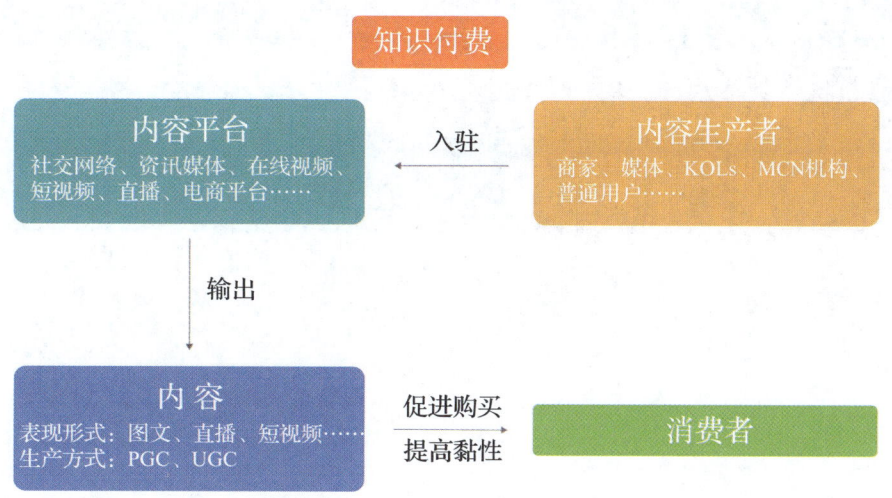

图 1-12　知识付费模式的运作方式

（5）广告模式

广告模式主要有两大类：一类是直播平台负责在 App、直播间或直播礼物中植入广告，按展示、点击或购买情况与广告商结算费用；另一类是广告商委托主播在直播过程中进行宣传推广并按效果付费。广告模式对主播的粉丝数量和质量都有较高要求。广告模式的运作方式如图 1-13 所示。

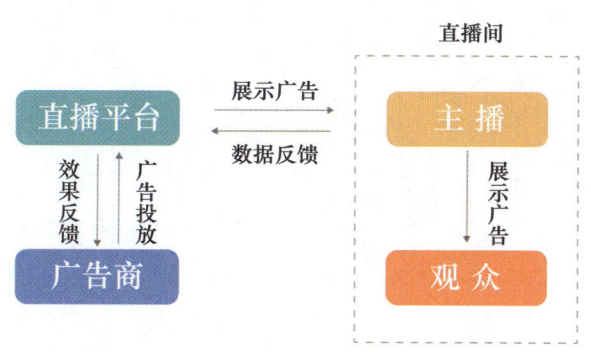

图 1-13　广告模式的运作方式

思考 & 练习

1. 什么是网络创业？网络创业的本质是什么？
2. 网络创业正在经历哪些趋势性变化？这些变化对于创业者而言意味着什么？
3. 直播有哪些类型？各类直播中蕴藏着哪些创业机会？
4. 直播的盈利模式主要有哪些？直播创业者应如何规划盈利模式？

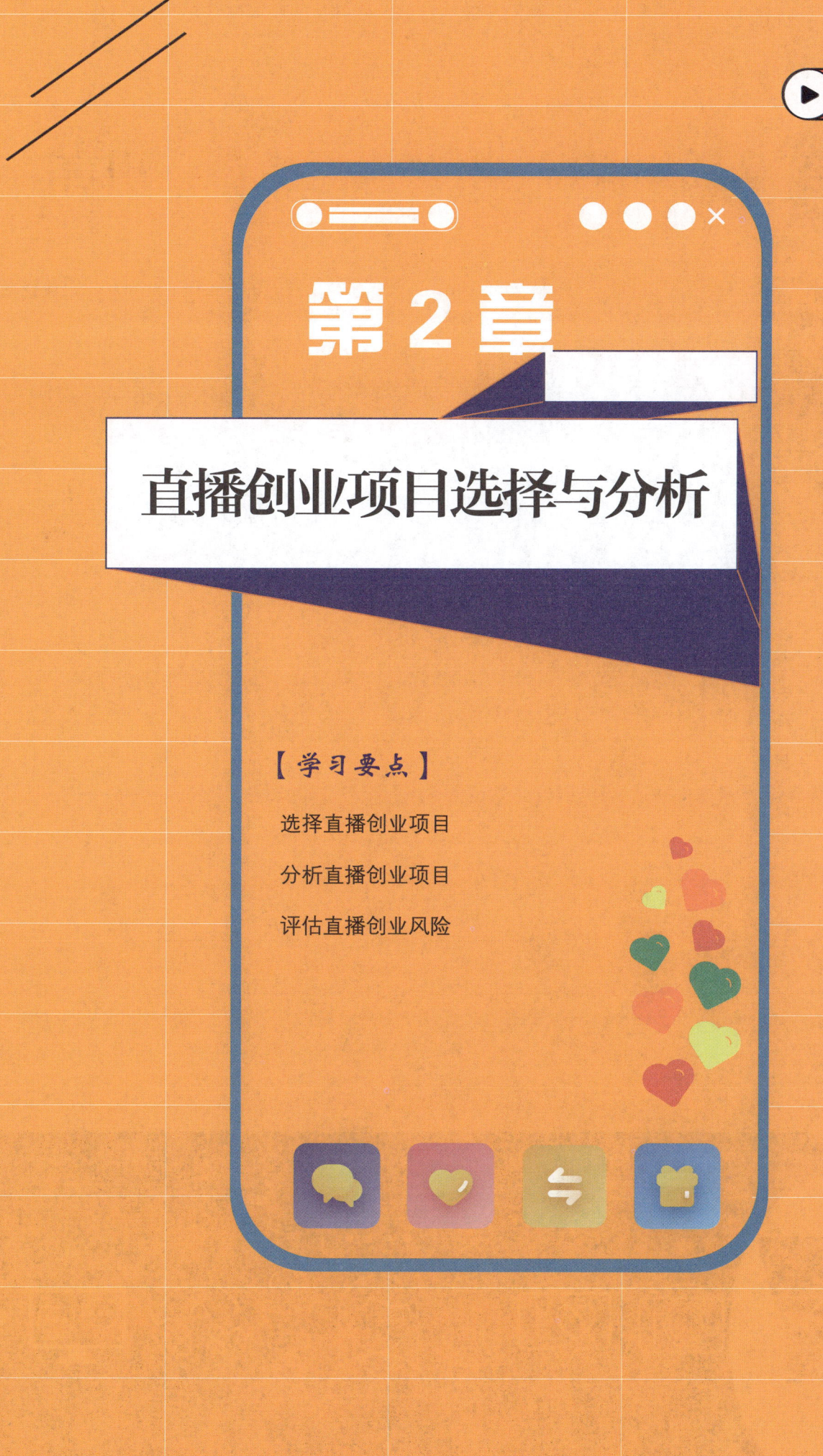

引言

创业项目是开展创业活动的出发点和落脚点,项目选择得当与否直接关乎创业活动的成败。在直播创业实践中,创业者可通过内、外部双重视角分析挖掘出更多与直播相关的创业项目,并结合自身优势、市场需求、竞争环境等多方面完成创业项目分析。在此过程中,创业者需重点关注以下内容:

选择直播创业项目可以从哪些视角切入?

分析直播创业项目需要考察哪些维度?

直播创业项目确定后面临哪些内、外部风险以及如何有效化解这些风险?

从更多视角切入直播创业项目选择将影响备选项目数量,更重要的是项目分析的准确度,这需要通过大量调研实现。我们将通过一系列训练确定直播创业项目。当然,创业必有风险,直播创业在供应链、直播现场控制等方面会面临不同风险,需要创业者在直播创业策划、运营前有所了解,以便预判自己的直播创业项目风险并合理规避。

2.1 选择直播创业项目

2.1.1 选择直播创业项目的内部视角

创业项目的挖掘是创业活动的起点,也是影响创业成功与否的首要因素,优秀的创业项目甚至比创业资源和创业团队更加重要。同时,创业项目的形式、规模和深度决定了创业资源的使用方式和创业团队的组建形式。从某种程度上说,创业活动是围绕创业项目挖掘分析、筹划运营和实施推广的过程。

在直播创业活动正式开始前,创业者需要借助科学严谨的方法找出更多的创业机会,通过内、外部双重视角分析挖掘出适合自己的直播创业项目。

(1)分析创业者个人及团队

创业者首先从自身角度出发,将个人的个性特质、技能专长、兴趣爱好等与直播创业项目的方向结合起来。如油画师可以在直播间展示自己的油画作品以及设计与绘制油画的过程,并将其转化到油画技能培训或销售相关物品,从而实现内容和流量变现。或者,可以充分利用积累的行业经验,如创业团队中有成员曾从事女装销售或服务,就可以考虑与女装相关的直播创业项目。

此外，如果创业者拥有较为成熟的专属私域流量（微信号、公众号、KOL、微信群等），可充分利用其价值。私域流量的本质是通过精细化的运营手段获取消费者的信任，从而提升产品转化率和流量变现能力。从价值属性来讲，私域流量的质量和用户黏性较高，通常可成为首批潜在客户。例如，90后妈妈基于兴趣努力运营了一个关于育儿话题的微信公众号，粉丝主要为新手妈妈，这类群体非常关注幼儿教育，那么这位90后妈妈就可以考虑通过分享儿童绘本、早教经验等方式与粉丝建立深层次的联系，尝试了解用户在儿童教育方面的精细化需求，像朋友一样帮助粉丝解决育儿过程中的问题和难题，以便为后续的销售变现打下坚实的基础。

（2）分析产品资源

创业者可利用身边比较便利的线下货源，如一手厂家货源、批发市场货源、性价比较高的品牌代理商或经销商货源、代加工资源、地域性较强的自产农产品或手工艺品货源等，选择合适的直播平台和营销方式进行推广销售。

（3）分析环境资源

环境资源主要包括创业者所在地区的自然环境资源和人文环境资源。自然环境资源包括森林、海洋、草原、沙漠等，创业者可直播其特色为项目引流，打造"直播+旅游"新型经济模式，从而通过提供与旅游经济相关的产品或服务实现内容和流量变现。人文环境资源以地方历史文化为主，创业者可直播古建筑、文创产品、风俗人情等吸引目标群体，打造私域流量池，同时可通过强效互动将自己打造成KOL，拉近与用户之间的距离，进而推动周边商品销售。

2.1.2 选择直播创业项目的外部视角

（1）分析直播现象

目前直播平台数量众多，表现形式各异，内容纷繁复杂，创业者应能对各式各样的直播现象做出合理的分析，以便做出正确的选择。常见的直播现象有新产品发布会直播、IP直播、秀技直播、户外直播等。

● **新产品发布会直播**。为达到对新产品全景展现、高效引流、增强交互的目的，越来越多的企业或商家通过直播平台完成新产品发布会。有条件的企业或商家甚至采用多平台同步直播新产品发布会的盛况，以达到广泛宣传产品的效果。

● **IP直播**。在当前的营销市场中，个人或团队标附"IP"属性已成为一种常态化社会现象。那么，"IP"究竟是什么？通俗来讲，"IP"即招牌，粉丝们受到直播平台和知名主播的吸引，主播通过打造个人品牌魅力与粉丝双向互动，即树立起了一个"IP"。

- **秀技直播**。秀技直播得益于"眼球经济"的盛行，也是直播行业发展的早期现象。YY直播、"9158"是秀技直播的典型平台。在秀技直播现象中，主播一般具备较高的"颜值"以及较强的表达能力和社交能力，输出内容一般以表演唱歌、跳舞等才艺或游戏秀为主，粉丝通过打赏礼物表达对主播的支持和对直播内容的喜爱。

- **户外直播**。主播一般进行旅游直播或地域特色较强的农产品直播，利用直播平台将旅游产品或农产品以全景直观的方式呈现在观众眼前。这种直播形式有利于加速推进在线旅游产业发展，促进农产品销售。

（2）借鉴并吸取成功主播的运营经验

创业者在选择直播创业项目时，可对相同或相似领域内的成功项目和优秀主播加以细致分析并进行针对性借鉴，通过技术模仿、营销模仿、管理模仿等快速定位，并在此基础上不断挖掘和积累资源，积极自主创新。

如今直播创业的成功典范数不胜数，创业者可参考和借鉴。例如，李女士试用过上百种不同品牌的化妆品，对各类常见化妆品成分的特点和功效更是耳熟能详。她如果想在直播平台的美妆频道分享化妆品使用经验并带动相关商品销售，就可以参考在直播带货方面实力超群的达人案例。

（3）善用猎奇心理

人们对于新奇事物、新奇现象表现出的好奇和希望亲身体验的心理，就是通常意义上讲的猎奇心理。为了满足这种心理诉求，越来越多的直播平台加强了对猎奇话题的关注，也因此诞生了各种网红产品和奇特玩法。比如，毛巾蛋糕，入口爆浆酥麻的"脏脏面包"，形状和质感酷似灯泡的灯泡糖果等，这些"奇葩"食品既让人觉得不可思议，又令人忍不住想要亲自尝试一番，在娱乐类直播中广受欢迎和关注。除此之外，直播攀登摩天大楼、品尝地域色彩浓郁的新奇美食、表演高难度歌舞、户外探索等也是善用猎奇心理巧做直播内容的典型案例。创业者在选择直播创业项目过程中，可多方收集类似的例子作为内容选择方向，借此实现内容和流量同时变现。

（4）其他

如果创业者善于在日常琐事中提炼受众感兴趣的话题，如直播吃饭、带娃、辅导作业等互动性一般的生活场景，也可为自己的创业项目引流并沉淀一定数量的粉丝，借机植入场景相关广告从而达到盈利的目的。

【主播提示】

创业者在选择直播创业项目时,需要从内、外部双重视角综合分析项目的价值点和可控性,如果暂时无法选出备选项目,可以先预习本章"分析直播创业项目"相关知识点,以获得更多启发。

通过对上述内容的学习,相信创业者已经对选择直播创业项目的内、外部视角有了初步了解。接下来请按照提示,完成选择直播创业项目训练,以加深对该部分知识点和相关技能的理解和掌握。

【任务训练】

填写表2-1,完成选择直播创业项目训练。

1."内部视角"中的"创业可能性"可填写创业者自身条件及相关资源,"描述项目方向"可结合个人资源简要概括项目整体情况。

2."外部视角"中的"创业可能性"可枚举成功直播典范、善用猎奇心理巧做直播内容的典型案例等,"描述项目方向"可综合各外部视角简要描述项目整体情况。

表2-1　　　　　　　　　选择直播创业项目训练简表

	选择视角	创业可能性	描述项目方向
内部视角	分析创业者个人及团队		
	分析产品资源		

续表

选择视角		创业可能性	描述项目方向
内部视角	分析环境资源		
外部视角	分析直播现象		
	借鉴并吸取成功主播的运营经验		
	善用猎奇心理		
	其他		

2.2 分析直播创业项目

直播创业项目分析的核心要素包含自身资源、市场趋势、盈利空间以及可操作性，如图 2-1 所示。

2.2.1 分析自身资源

自身资源指直播创业者个人及团队所拥有的或通过努力能够拥有的与自身能力密切相关的资源，主要包含以下两个方面。

图 2-1 直播创业项目分析的核心要素

（1）专业知识技能及实际操作能力

专业知识技能及实际操作能力通常包括选品能力、平台运营能力、直播策划能力以及互动表达能力等，其中直播策划能力包括直播内容整体策划、文案撰写、直播间环境布置与气氛渲染等能力。例如，某知名美妆主播在直播间向粉丝们展示口红时，为了调动粉丝的情绪，需配合感染力较强的文案与适度夸张的语气描述试用感受，如"充满了阳光的伊甸园""度假的味道""嘴巴上有星空""小精灵在跳舞"……当然，再好的主题策划与内容输出都必须建立在优质产品或服务之上，否则一切都是无源之水、无本之木。

（2）自身其他相关资源

例如，产品货源优势、营销模式优势、销售能力优势等。货源决定产品品质和性价比，营销模式直接影响终端产品呈现和流量转化，销售能力则直接与业绩挂钩。对于直播创业来说，这些资源缺一不可。

2.2.2 分析市场趋势

分析市场趋势有助于创业者及时制定或调整营销战略，从而在激烈的竞争环境中立足并不断发展。简要分析市场趋势可以从以下几方面进行。

（1）调查消费者需求和行为趋势

只有真正了解消费者需求，才有可能向他们提供更契合实际需要的产品或服务。因此，创业者在项目分析过程中要有针对性地做好市场调研工作，实时掌握市场动态和特定渠道消费者的精准需求，通过对调研数据的综合分析做出更准确的趋势判断。

（2）了解消费者价值观的变化

消费者的价值观及消费观反映了他们对消费对象、消费方式、消费过程、消费趋势的总体评价和价值判断。价值观影响消费观，进而影响消费者对产品或服务的品牌和消费环境的评价以及对消费方式的选择等各个方面。

（3）关注行业成本驱动因素

成本驱动因素是指导致成本发生变化的所有相关因素。在产品或服务同质化程度较高的行业，成本在各类竞争因素中的地位至关重要。因此，创业者应时刻关注行业的成本驱动因素，通过对目标消费者进行价格敏感度测试，了解产品或服务的价格变动与消费行为之间的联系。

（4）收集市场趋势相关数据

创业者只有不断收集相关数据，了解市场变化，进而对市场趋势有所研判，才能有力应对可能产生的市场机遇和风险。创业者获取市场趋势相关数据的途径很多，比如阅读行业研究报告，关注权威的行业资讯和有影响力的专家动态、言论等。同时，要经常与所关注的目标消费者进行有效沟通，以获得最真实的市场趋势信息反馈。

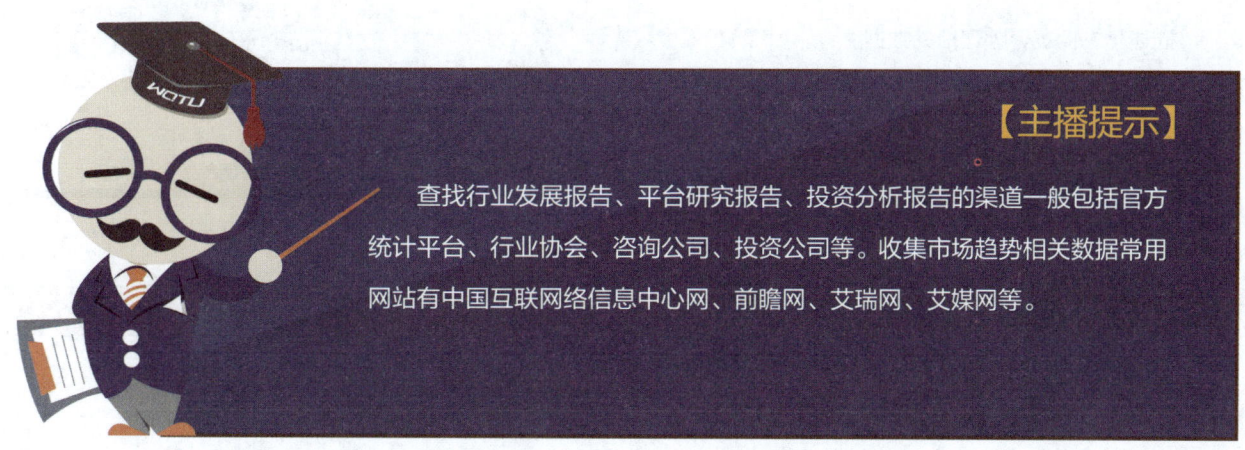

【主播提示】
查找行业发展报告、平台研究报告、投资分析报告的渠道一般包括官方统计平台、行业协会、咨询公司、投资公司等。收集市场趋势相关数据常用网站有中国互联网络信息中心网、前瞻网、艾瑞网、艾媒网等。

专业分析市场趋势一般采用PESTEL模型，即从政治（political，政治制度、政府政策等）、经济（economic，经济政策、经济结构等）、社会（social，文化、人口、信念和态度等）、技术（technological，技术方面的创新、障碍和激励措施等）、环境（environmental，影响市场和企业业务的生态和环境）、法律（legal，相关法律、法规等）六个层面对企业和市场的影响进行综合分析。想要深入探究PESTEL模型的创业者可查找相关文章或书籍进行系统学习。

2.2.3 分析盈利空间

这里所说的盈利空间主要指不同领域的直播项目在利润水平上的高低程度。从具体操作层面来看，创业者可以从行业平均年利润、项目变动成本、收入占比三项指标大致测算直播项目的利润水平。从行业发展现状来看，游戏类直播和优质货源的电商类直播盈利空间较大。

2.2.4 分析可操作性

可操作性主要指的是自身资源优势落实于直播平台后实际开展创业活动的可行性，如产品展示能力、直播平台与工具操作熟练度以及直播团队协作能力等。

【任务训练】

填写表2-2，完成分析直播创业项目训练。

从自身资源、市场趋势、盈利空间以及可操作性四方面分析各项目，描述基本情况，整理相关数据。

表2-2　　　　　　　　　　分析直播创业项目训练简表

项目名称	自身资源	市场趋势	盈利空间	可操作性
项目1：				
项目2：				
项目3：				
项目4：				

续表

项目名称	自身资源	市场趋势	盈利空间	可操作性
项目5:				
项目6:				
项目7:				
项目8:				
项目9:				
项目10:				

完成表2-2后，综合考虑各项因素并结合个人意愿，从中选出三个备选直播创业项目。然后对其进行评估，进而确定直播创业项目方向。

【任务训练】

完成表2-3，确定直播创业项目方向。

表中各项目满分30分，各项分析内容评分分为3分、2分、1分三档，表示有利程度由强至弱，创业者根据实际情况选择一档，在对应框内画"√"。

表2-3　　　　　　　　　　　直播创业项目方向评估表

分析内容		项目1:			项目2:			项目3:		
		分值			分值			分值		
		3	2	1	3	2	1	3	2	1
自身资源	专业知识技能及实际操作能力									
	产品货源优势									
	营销渠道优势									
市场趋势	市场容量趋势									
	消费者需求变化速度									
盈利空间	行业平均利润是否满足预期									
	项目变动成本与收入占比									
可操作性	产品展示能力									
	直播平台与工具操作熟练度									
	直播团队协作能力									
合计分值										

2.3 评估直播创业风险

综合来讲，直播创业的风险主要包含违法违规风险、供应风险、现场失误三大类。

2.3.1 违法违规风险

网络直播具有应用广泛、时空适应性强、传播速度快、内容创造者和接收者准入门槛较低等特点，尤其是移动端的全民直播几乎涵盖了所有类型的直播形式。从创业的角度来看，网络直播具有高影响力、高话语权、高收益性等特点，这一方面推动了直播文化和相关产业的迅速发展，另一方面也促使多种违法违规行为产生。

为促进网络直播行业规范化运行，有关部门相继出台关于直播行业的管理办法以加强管控，如自 2019 年 1 月 1 日起施行的《中华人民共和国电子商务法》，2020 年 7 月 1 日中国广告协会发布的《网络直播营销行为规范》等。

此外，在直播经济（尤其是直播电商）产业链中，平台负责技术支持、场景搭建、推荐支持、运维服务等，为保障主播、用户、协作机构的相关权益不受侵犯，各平台都会制定相应的规则要求入驻平台的企业或商家遵守。创业者对此必须给予足够的重视。

创业者在选择直播创业项目时，首先需熟知并自觉遵守直播行业的相关政策及法律、法规，以及平台规则，科学合理地评估项目本身可能面临的风险，并积极防范。

2.3.2 供应风险

供应风险主要存在于电商类直播中，具体包括以下几个方面。

（1）货源选择风险

主播的商品供应链服务商分为内部供应链服务商和外部供应链服务商。其中，内部供应链服务商由主播自身团队担任，主播建立自有品牌或生产自己的定制品牌商品，通过直播平台自行销售；外部供应链服务商包括零售终端品牌商和聚合不同品牌、工厂、原产地产品的第三方供应链整合服务商两类。货源选择方式不同，会产生不同的机会成本，其风险主要源于没有选择准确定位的商品，如自建品牌原创水平低、直播排期效率低等。

（2）供货能力风险

从货源供给主播的方式来看，内部供应链服务商自产自供，零售终端品牌商以品牌直供的方式为主播提供货源，而第三方供应链整合服务商则搭建了聚合不同品牌、工厂、原产地产品等的平台供主播选择。货源供给能否满足直播项目营销策略的需求是创业者面临的较大挑战，因此，创业者需要对货源供给方的供货能力进行综合评估。一般来讲，供货能力风险包括供应价格风险、洽谈风险、误导计划风险、合同风险、结算风险等。

（3）物流配送风险

物流作为商品流通的最后环节，对整个电商行业尤其是直播电商的发展有着至关重要的影响。一般直播电商由专业物流公司完成商品配送，但由于初创型企业订单较少，与物流公司在价格或时效等方面进行谈判的能力较弱，因此容易发生物品运送过程中因丢失导致赔偿的风险，不按时配送、错发错送等带来的责任风险以及更为严重的诈骗风险等。创业者在项目运营过程中要加大对物流管理的投入，一般选择实力雄厚的第三方物流公司作为固定承运方可有效降低风险。

2.3.3 现场失误

常见的现场失误有以下三类。

（1）表达失误

在网络直播活动中，主播会因为各种主、客观原因读错脚本内容、误读产品或品牌文案、做出不专业的卖点解读，甚至报错价格或向观众传递虚假信息，从而导致用户流失、商品转化率低等。例如，主播如将商品价格299元错报为29元，就会带来较大经济损失。另外，户外直播由于场地、设备或网络信号等原因不便提示文案，易出现表达失误。

（2）现场干扰

直播过程中，如果主播助理没有提前调试硬件设备与直播环境，可能会出现噪声干扰、无关人员进入直播画面、断网断电等意外情况，尤其户外直播受环境因素影响较大，直播前若缺乏完善的预案则会直接影响直播效果。

（3）展示失误

直播过程中，如果出现主播或副主播错误展示商品使用方法的情况，不仅直接影响直播品质，同时也会间接影响与供应商的谈判。直播过程中出现上错商品或优惠券、改错商品价格等现场失误，会造成用户流失、转化率降低等后果。除此之外，主播形象包装失误、主播形象与直播人设无法对应等也会影响直播效果。

思考 & 练习

1. 选择直播创业项目时可以从哪些视角进行分析？
2. 分析直播创业项目的重点和难点是什么？
3. 直播创业项目运营过程中可能面临哪些风险？
4. 你了解的直播创业相关法律、法规有哪些？请简述其主要内容。

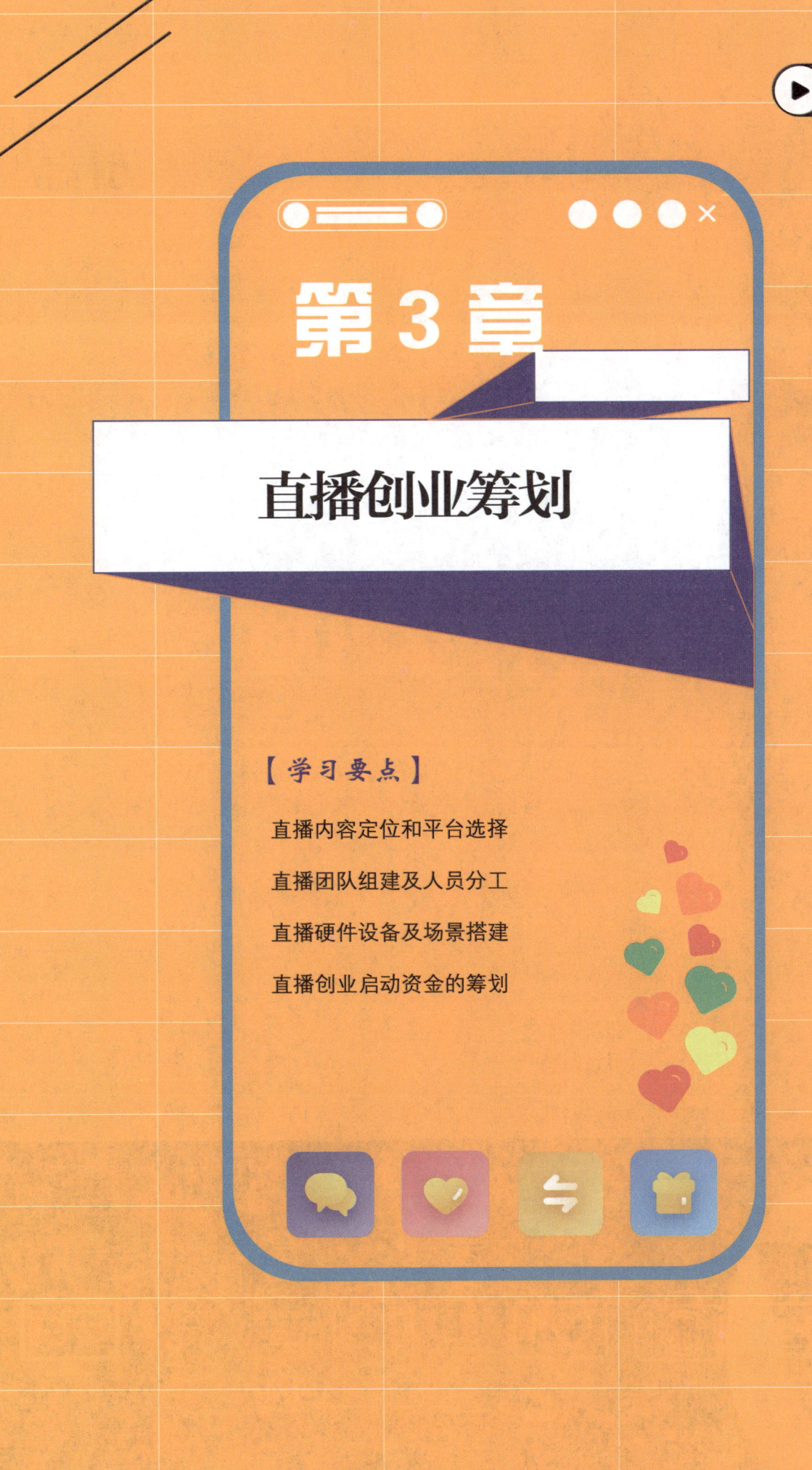

第3章

直播创业筹划

【学习要点】

直播内容定位和平台选择

直播团队组建及人员分工

直播硬件设备及场景搭建

直播创业启动资金的筹划

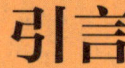
引言

通过前面内容的学习,创业者初步完成了直播创业项目的选择,并从多个维度对项目进行了综合分析,对直播创业过程中的各类风险有了基本的认知和判断。本章重点介绍直播创业的相关筹划工作。着手创业之前,创业者需要考虑以下几个层面的问题:

消费者喜欢什么?促成其做出购买决策的核心动力是什么?

为什么直播好几场,直播账号的粉丝数量依旧无法突破?

主流直播平台有哪些?入驻条件分别是什么?

如何为直播创业项目选择合适的直播平台?

直播团队包含哪些岗位?团队人员如何分工?

直播需要哪些设备?直播场景搭建的要点和注意事项是什么?

直播创业需要准备多少启动资金?如何应对流动资金不足的问题?

完成本章学习,创业者将获得上述问题的答案。接下来的内容将从内容筹划、人员筹划、现场筹划以及资金筹划四个方面详尽阐述直播项目筹划的理论体系,使创业者在项目开始运营前持戈试马,胜券在握。

3.1 直播内容筹划

3.1.1 定位直播内容

（1）电商类直播选品

电商类直播首先要解决卖什么的问题，也就是选品问题。即便是自带粉丝的头部主播、有一定社会影响力的明星、企业家或是某些特定领域的意见领袖，在具体的选品问题上也不能随心所欲。

选品思路、选品方向以及选品禁忌等都是创业者需要重点考虑的问题。

● **五大选品思路**。2020年，中国消费者协会和21评测实验室分别针对互联网用户的直播购买影响因素进行了调查，调查结果如图3-1所示。其中，中国消费者协会的调查结果显示，前三项影响消费者直播购买的因素包括商品性价比高（59.6%），展示的商品很喜欢（56.0%），价格优惠（53.9%）；21评测实验室调查结果则显示，前三项影响因素分别为主播的推荐话术太厉害（45.0%），喜欢并信任主播（43.3%），直播间好多人抢，不买感觉会错过（39.3%）。两项调查结果并不完全一致，这说明现阶段消费者通过直播购买商品的行为还处于较为主观的阶段，综合来看受主播、购买环境及价格因素影响较大。

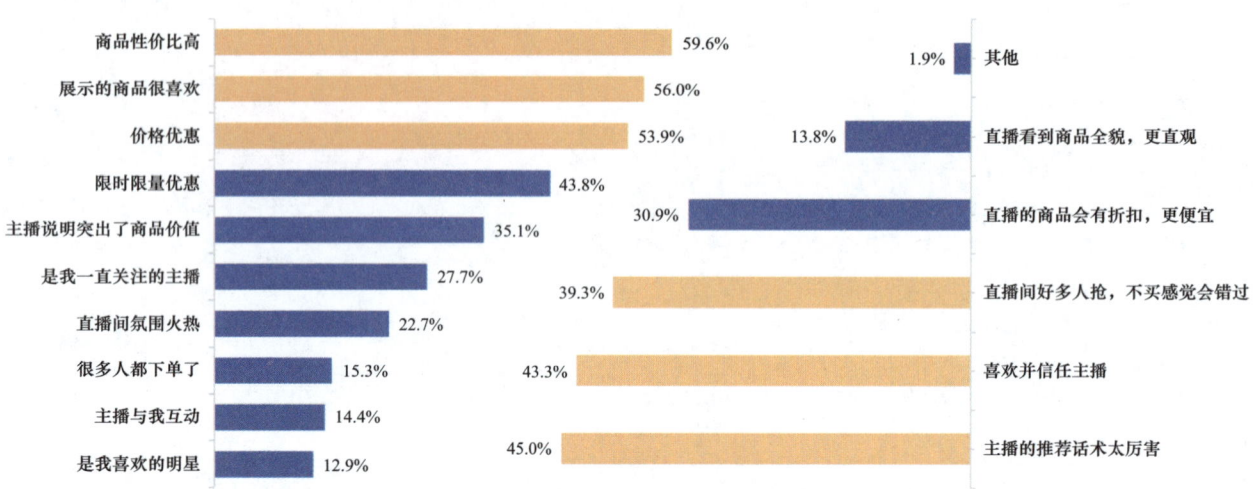

图 3-1　直播购买影响因素调查结果

对于想要通过电商类直播开启创业之路的创业者来讲,可将专业机构的调查结果作为项目启动前的参考依据,同时结合行业风向、市场趋势、人设匹配、用户喜好等因素,综合分析自身优势做好电商类直播选品工作,为进入市场做好充足的准备。以下是对五大选品思路的具体分析。

一是性价比高。价格永远是影响消费者做出购买决策的重要因素,而性价比则是一种更为主观的感受,是消费者对商品整体满意度的感观表达。所谓性价比,就是商品的性能值与价格的比值,用公式表示为：性价比 = 性能值 / 价格。由此可以看出,性价比与性能值成正比,与价格成反比,也就是说,同等价格水平下商品性能值越高则性价比越高,同等性能水平下价格越高则性价比越低。

电商类直播创业者若能在选品过程中整合具有高性价比的商品,并在每一场直播活动中打造 1~2 款 "吸睛" 爆款,将商品性能与消费者体验完美融合,将有助于创业者快速进入直播带货状态,并充分提升直播间用户留存率。

二是粉丝喜好。找到具有 "观众缘" 的商品是电商类直播创业者开展市场调研的重要目标。很多目前已有一定影响力的主播,在创业之初并不急于在直播中带货,而是在深入了解消费者心理的基础上构建 "需求版图"。直播创业者有必要在选品前开展调研,深入了解粉丝喜好,在此基础上有针对性地整合商品资源,以防 "货不对人",造成不必要的损失。

三是人设匹配。人设即 "人物设定",原指小说、漫画、动漫中对虚拟角色的外在形象和性格特征的描述,如今多用来形容社交网络平台向公众塑造的主播形象。"人设" 对于网络直播项目的意义好比包装之于商品,其价值在于吸粉。

人设匹配指的是主播的特征要与所售商品或直播内容有所对应，这样才能取得理想的直播效果，例如，罗永浩（锤子手机创始人）在直播中推荐3C（计算机类、通信类和消费类电子产品的统称）产品取得成功，就充分证明了人设匹配的重要性。

四是行业风向。就创新的程度而言，创业启动之时一般可采取两种方式，一种是创新，另一种是模仿。对于没有实战经验的创业者来讲，模仿是一种简单高效的创业方式和选品思路。模仿有助于创业者在尚未建立完整的商业认知之前，绕开那些外行人看不到、内行人却深知的"险道"，从而吸取前人的经验教训，推出更优秀的产品或服务。从具体操作层面讲，创业者在无法明确究竟要卖什么的时候，观察并分析同行的产品运营思路是最高效、直接的市场调研方法。创业者尤其要关注与自己同等级或略高于自己等级的同行在卖什么，并充分借助数据分析平台和工具，了解市场走势良好的货品和爆款的销售情况，进而在充分了解行业风向的基础上快速锁定选品范围。

五是市场趋势。选品过程中，创业者可借助市场调研或行业大数据分析，对某类产品或服务的市场需求和销售趋势做出估计和预测，并结合自身优势和项目需求提前布局，以便在创业活动中占得先机，实现经济价值。

- **五个选品方向**。选品思路描述的是一套具有整体性和方向性的解决方案，这套方案可以启发创业者从宏观层面系统思考，创业者可结合自身实际，选择其中的一条或几条思路作为选品的主要依据，反复思考和实践，以便找到适合自己的选品范围或锁定具体的商品。还徘徊在选品大门之外的创业者可以从以下五个选品方向中进一步找到灵感。

一是折价品牌货品。品牌商品自带IP，可以免去创业者从零开始建立品牌所要花费的成本和精力。而折价品牌货品更是受消费者青睐，因其融合了品牌效应和低价优势，并抓住了消费者希望享受高性价比商品的普遍心理诉求，可以充分调动消费者的购买欲望。例如，专注于"品牌特卖，就是超值"的唯品会和"大牌品质、工厂价格"的必要商城，以及线下各类运动服饰品牌的折扣店，都成为了国内大中城市尤其是一二线城市消费者理想中的购物平台或场所。当然，创业者在选品过程中不宜直接模仿大型成功商家的运营模式，而应将目光聚焦于他们品类丰富的货架，从中寻找属于自己的商机。

二是特色货品。这类货品往往具有一定的独特性。例如，创业者亲手设计制作，或是在大众熟知的品类上进行改良，从而实现一定程度的创新和突破，又或者是出自大师之手且市场上少有流通的产品。特色货品具有与生俱来的稀缺属性，创业者可充分发挥这种稀缺属性带来的价值红利和流量红利，加快电商类直播创业成功的步伐。

三是囤积货品。在传统商业模式下，只要工厂有生产，就必然会产生库存，这些库存主要来自工厂倒闭、尾货弃单、拍卖盘活、产品迭代等，低价出售囤积货品的目的是快速回笼资金。创业者要善于从囤积货品交易市场中发掘市场需求较大、利润空间可观的囤积货品，并在直播中以其超高性价比吸引消费者眼球，让流量转化为实际销售以获取超额利润。

四是非标品。标品指的是消费者对商品属性了解程度高、购买决策效率高、价格敏感度高、店铺忠诚度差、退货率低的商品；而非标品则刚好相反，指的是消费者对商品属性了解程度低、购买决策效率低、价格敏感度低、店铺忠诚度高、退货率高的商品。一言以蔽之，标品，其类目商品同质化严重；而非标品，其类目商品则存在明显差异。例如，品牌手机、3C产品、手机贴膜、图书等属于标品，而女装、鞋子等则属于非标品。创业者可通过非标品差异化定位方式圈定受众群体，进而通过精准挖掘并提炼商品核心卖点吸引消费者购买。

五是地方特产。地方特产指某一地区特有的产品或品类，一般带有较强的地域特色，通常包含农林特产、矿产品加工、纺织品、工艺品等。特产中的"特"字一般包含四层含义，即特殊的生态环境、特优的品种、特殊的种养方式或加工方式以及特殊的经济效益。北京烤鸭、天津泥人张、西湖龙井、扬州刺绣、贵州茅台等都属于大众耳熟能详的地方特产。

在选品过程中，直播创业者可利用属地化优势，采用原产地直播的方式吸引流量，提升地方特产在全网的影响力。

- **三项选品禁忌**。做好电商类直播选品工作有助于提高销售转化率，但也需要有意识规避相关禁忌事项。

一是杜绝假货。直播带货发展得如火如荼的背后，也存在出售假冒伪劣商品、销售数据"注水"、提供虚假服务等市场乱象，一些"昧良心"的企业或商家只认钱不讲品质的"无底线"带货蒙骗了不少消费者，受到法律制裁，为整个行业的发展敲响了警钟。在此提醒创业者，既然电商类直播依靠粉丝的信任引流变现，在选品过程中就必须把品控放在第一位。卖假货不仅仅是道德问题，更是违法行为，对创业者个人和团队会造成灾难性影响，除了声誉和经济受损外，情节严重的还会因触犯法律而获刑。

二是慎售高客单价商品。电商类直播新手选择高客单价商品具有非常大的挑战性，因为在主播人设、粉丝数量、创业经验尚不充分的前提下贸然出售高客单价商品，创业成功率很可能大打折扣。例如，某知名主播卖皮草收入颇丰，而很多人却在此处屡次"翻车"，原因就在于该主播的粉丝群体以具备一定消费能力的宝妈为主，这类群体具备较强的购买能力，而且忠诚度较高。

三是售卖体验类商品要三思。对于 VR 眼镜、按摩仪、家具、床垫等需要亲身体验的商品，消费者一般会再三权衡对比后才下单，消费购买决策周期较长，因此，即便商品在性价比上有较强的诱惑力或主播人设符合观众预期，最终也常会因为心理预期落差造成较高的退货率，导致创业者在经济上蒙受巨大损失。

（2）内容类直播策划

● **三个步骤确定直播内容**。当前，直播行业竞争异常激烈，普通创业者若想仅凭千篇一律的传统模式胜出，显然过于理想化，但创业机会依然存在。想要从事内容类直播项目的创业者在进入这一领域前需要深度认识和思考如何进行直播内容策划这一问题。

通过精心策划和完美演绎，将直播节目做得有趣、丰富、耐看，是大部分主播的制胜之道。然而也有很大一部分主播及运营团队由于惯性、惰性、盲目性等主观因素，忽视了内容策划的必要性和重要性，因而最终成为被埋没的大多数。

本教材从确定类目、确定形式、确定风格三个步骤入手，为创业者开创内容类直播项目提供一套简单实用的方法论，如图 3-2 所示。

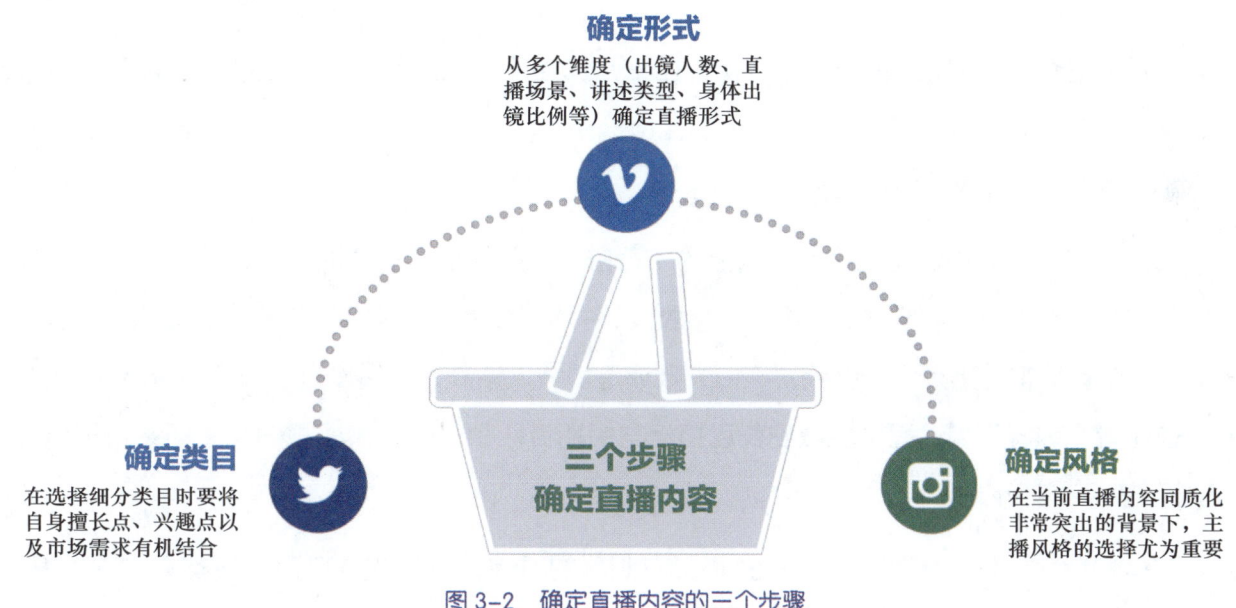

图 3-2 确定直播内容的三个步骤

首先，确定类目。直播创业者在确立项目方向后，就要细分定位类目。以从事游戏类主播为例，创业者首先要考虑做什么类型的游戏类主播，是单机、网游还是手游，然后进一步考虑选择竞技类、惊险类还是角色扮演类，最后确定具体是哪款游戏。这种逐渐细分的分析判断过程在内容策划过程中具有举足轻重的地位，创业者需要认真领会并在实践中不断完善。直播创业者在选择细分类目时要将自身擅长点、兴趣点以及市场需求有机结合。

其次，确定形式。直播形式可从多个维度进行分类：按出镜人数分，可分为单人出镜、多人出镜等；按直播场景分，可分为室内直播、实景直播等；按讲述类型分，可分为单人讲述、访谈式讲述等；按身体出镜比例分，可分为局部身体出镜、全部身体出镜等。

知识类直播基本以单人出镜、访谈式讲述、现场实录、静态虚拟抠像拍摄直播、实景直播、实训技能直播为主，游戏类直播基本以游戏录屏、游戏屏＋真人出镜、游戏解读、赛事直播服务为主。

最后，确定风格。直播风格需与主播人设相匹配，进而吸引与之对应的消费群体，在当前直播内容同质化非常严重的背景下，主播风格的选择尤为重要。确定风格首先要对主播进行画像分析，如"颜值"高低、兴趣爱好、性格特征等，规划出合适的方向；其次要对粉丝进行画像分析，了解消费群体所处年龄段、性别比例、喜欢的风格等。通过主播画像和粉丝画像的对比分析最终选择出主播风格，如女神型、搞笑型、可爱型、宝宝型、喊麦型、御姐型、女王型、二次元型、方言型、严肃型等。

- **三个策划注意事项**。做好内容策划是直播创业成功的关键步骤，创业者要切忌惯性、克服惰性、避免盲目性。

一是切忌惯性。对创业者而言，沿用之前的成功经验或是拷贝别人的成功做法都是相对容易的事情，但之前的成功经验不一定适用，也不一定适合所有。创业者要时刻保持清醒的头脑，切忌随波逐流，以免失去发展良机。

二是克服惰性。创业者切忌用战术上的"勤奋"掩盖战略上的"懒惰"。直播创业项目是一项复杂的系统性工作，需要在过程中不断接收反馈并思考。另外，切忌无限制拖延，即规划、目标、计划都设计得井然有序，但因为害怕失败或是怕被人诟病，最终没有采取任何行之有效的行动。创业者在内容策划过程中要做到长远目标与短期目标相匹配，长期规划与短期计划相结合，将目标落实于实际行动。

三是避免盲目性。所谓盲目性，就是没有明确的方向，既不知道自己的真实需求，也无法明确努力的方向，而是听凭他人（父母、师长、朋友等）或媒体等的要求、意见和说辞，盲目作出分析和判断。创业者在采取实际行动之前，需要对自身所处的内、外部环境及主、客观条件进行综合分析，确定创业目的、创业方向、发展目标、行动计划后再执行。

3.1.2 选择直播平台

直播平台的选择要与直播内容的定位精准匹配。接下来将从分析主流直播平台和了解直播平台规则两方面着手，引导创业者作出客观合理的选择。

（1）分析主流直播平台

分析主流直播平台主要从直播平台的分类、入驻条件、服务群体、用户流量以及对主播的服务能力要求、适合的商品或内容定位等维度进行。

- **分析主流电商类直播平台**。电商类直播平台通常可分为传统电商类直播平台和内容转电商类直播平台两类。

传统电商类直播平台由传统电商平台拓展直播服务演变而成，主流平台如淘宝直播、京东、拼多多、蘑菇街、有赞等。在这些平台上，主播通常有三种不同的身份，即店铺主播、达人主播、机构主播，如图3-3所示。拥有网络店铺的主播可通过开通直播功能成为店铺主播，进行引流销售；没有网络店铺的主播可成为达人主播，通过直播为其他网络店铺引流，实现交易后获得相应分佣；实力强劲的主播可签约MCN机构，通过多渠道运营孵化成为机构主播。

图3-3　主播入驻电商类直播平台的三种身份

创业者想要快速启动电商类直播创业，选择从达人主播身份起步相对比较容易。

内容转电商类直播平台主要由短视频平台开通直播功能转变而来，该类型的主流平台有抖音直播、快手直播、小红书等。这类直播平台以内容类直播为主，并发展出平台内部店铺商品橱窗等功能，形成了"推荐—种草—购买"的消费闭环。

表3-1对2020年主流电商类直播平台的入驻条件、服务群体、用户流量、适合的商品或内容定位等相关要素进行了对比分析。从服务群体来看，各平台均有自身精准清晰的目标群体定位，部分平台会有一定的重合，如淘宝直播和抖音直播的服务群体均锁定在一二线城市消费群体；从用户流量来看，淘宝直播独占鳌头，以月活跃用户7亿人占据榜首，抖音直播以月活跃用户4.6亿人位居第二；从适合的商品或内容定位来看，各平台也有明确的细分方向，如淘宝直播适合品牌商品，京东适合3C产品，而抖音直播适合创意性、趣味性、互动性较强的商品。

表 3-1　　　　　　　　　　2020 年主流电商类直播平台对比分析

平台分类	平台名称	入驻条件	服务群体	用户流量	适合的商品或内容定位
电商类直播平台	淘宝直播	个人店铺可开店铺主播达人，主播需达人账号2级以上，粉丝数量超4万人，MCN机构主播入驻	一二线城市消费群体为主	月活跃用户7亿人	品牌商品
电商类直播平台	拼多多	达人主播实名认证，MCN机构主播入驻	下沉市场为主	月活跃用户2.5亿人	有下沉需求的品牌商品
电商类直播平台	京东	暂不支持达人主播店铺，主账号可开通MCN机构主播入驻	男性群体	月活跃用户0.9亿人	3C产品为主
内容转电商类直播平台	抖音直播	店铺主播需营业执照，达人主播需视频数量超过10个，粉丝数量超过1 000人	以都市青年为主，主攻南方市场中的一二线城市消费群体	月活跃用户4.6亿人	内容充实、创意性强的商品
内容转电商类直播平台	快手直播	实名认证，保证金500元	主攻北方市场中的三四线城市消费群体	月活跃用户2.6亿人	有较多粉丝积累的商品

各平台在运营过程中会因各种原因适时调整平台规则，以上内容仅供参考。创业者需随时关注平台发布的最新规则。

● **分析主流内容类直播平台**。根据定位不同，内容类直播平台可以分为游戏类、娱乐类、教育类、体育类等，哔哩哔哩、花椒直播、斗鱼直播、虎牙直播、YY直播等是这类直播平台中用户流量较大的主流平台。内容类直播平台一般不直接涉及直播带货，入驻条件均以实名认证为主。

表3-2从入驻条件、服务群体、用户流量、适合的内容定位等相关要素对2020年主流内容类直播平台进行了对比分析。从服务群体来看，各平台均有自身清晰的目标群体定位，作为综合内容平台，哔哩哔哩和YY直播的用户重合度较高；从用户流量来看，哔哩哔哩以月活跃用户1.9亿人遥遥领先，几乎是虎牙直播、花椒直播、斗鱼直播、YY直播四家主流平台合计用户流量的2倍；从适合的内容定位来看，除花椒直播注重生活内容直播分享外，其他平台几乎都聚焦游戏类直播领域，足以看出游戏类直播的用户群体极为广泛，且绝大多数为30岁以下的青年群体。

第3章 直播创业筹划

表 3-2　　　　　　　　　　　2020 年主流内容类直播平台对比分析

平台名称	入驻条件	服务群体	用户流量	适合的内容定位
哔哩哔哩	实名认证	90后、00后居多	月活跃用户1.9亿人	动漫起源、游戏
虎牙直播	实名认证	30岁以下热爱游戏的人群，学生和低收入人群居多	月活跃用户3 316万人	游戏
花椒直播	实名认证	19~35岁愿意接受新鲜事物的人群，90后居多	月活跃用户2 929万人	生活内容
斗鱼直播	实名认证	30岁以下热爱游戏的人群，学生和低收入人群居多	月活跃用户2 666万人	游戏
YY直播	实名认证	90后、00后居多	月活跃用户2 372万人	游戏、娱乐、教育

通过学习上面的内容，相信创业者对各主流直播平台已经有了初步的认识，请结合自身的直播内容定位，选定适合的直播平台。如果直播内容需要在多个直播平台投放，则应从不同维度进行综合比较分析。

【任务训练】

完成表3-3，选出适合的直播平台。先选定1~3个可以入驻的平台，对其入驻条件、服务群体、用户流量、适合的商品或内容定位等进行简单的描述。若没有发现适合自己的直播平台，可通过以下方式进行充分调研后再作出决策。

1. 参考表3-1和表3-2内容。

2. 在注册流程中了解直播平台最新入驻条件并进行详细解读。

3. 直播平台服务群体、用户流量以及适合的商品或内容定位需查看官方数据报告或第三方专业研究中心报告。数据报告可通过国家统计局、艾瑞网、中文互联网数据资讯中心、中国互联网络信息中心、易观智库、Talkingdata移动观象台、艾媒网、腾讯大数据、阿里研究院等查询。

表 3-3　　　　　　　　　　　直播平台对比分析

平台名称	入驻条件	服务群体	用户流量	适合的商品或内容定位

（2）了解直播平台规则

随着网络直播的发展，为遏制直播行业乱象，规范网络直播秩序，整治网络低俗之风，营造积极向上的网络生态，各直播平台均出台了相应的平台规则。创业者在选定直播平台后首先应对平台规则进行系统学习和领会。

为帮助创业者避免在直播创业过程中触犯国家法律法规及直播平台规则，本教材梳理了当前主流直播平台具有共性要求的六种违规行为，即影响用户价值观，侵犯他人合法权益，扰乱市场秩序，发布平台禁止的商品和信息，传播危害国家安全、民族团结、社会稳定的信息，发布低俗内容及庸俗、媚俗信息，如图 3-4 所示。

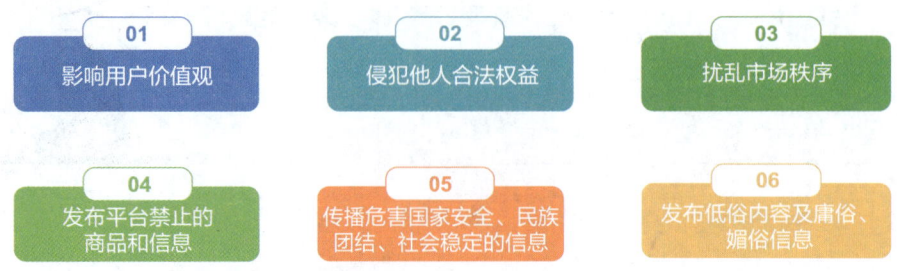

图 3-4　直播创业者常见的六种违规行为

以下六种常见违规行为中，较严重的将会引起纠纷，甚至触犯国家法律，创业者应该坚决避免此类情况的发生。

- **影响用户价值观**。直播受众群体以青年群体为主，其中不乏未成年人。创业者需特别注意，直播中不得出现可能引发未成年人模仿的不安全行为和诱导未成年人不良嗜好的行为，以及侵害未成年人合法权益或者损害未成年人身心健康的内容，包括但不限于以下行为。

一是抽烟酗酒、恶意搞怪、文身。

二是危险驾驶或者违反交通法规的违法驾驶行为。

三是展现致人身心不适的信息，如惊悚、残忍、暴力等信息。

四是播放无版权影视、直播低质无效内容、辱骂他人等行为。

- **侵犯他人合法权益**。合法权益是指受国家法律保护并能取得预期收益的特权。在直播中侵犯他人合法权益通常包括发布的信息涉嫌不当使用他人商标权、著作权、专利权、肖像权、姓名权等权利，例如，昵称、头像、自我介绍、封面图等信息冒充他人身份、侵犯他人合法权益；未经授权盗用他人视频或复制他人内容进行直播；发布造成或可能造成用户误认、混淆的信息；未经他人允许擅自泄露他人隐私等。

- **扰乱市场秩序**。扰乱市场秩序是指违反国家对市场监督管理的法律、法规，进行不正当竞争，从事非法经营贸易或者中介服务活动，以及强行进行交易，扰乱和破坏等价有偿、公平竞争和平等交易的市场秩序，情节严重的将构成犯罪。

直播中扰乱市场秩序行为包括但不限于使用极限用语、绝对化用语，利用虚假宣传欺骗消费者，售卖推广假冒注册商标商品或盗版商品，直播数据造假等。

- **发布平台禁止的商品和信息**。直播中展示或销售未经允许、违反国家行政法规或不适合交易的商品，或平台禁止发布的商品及信息，包括但不限于管制器具、枪支弹药、剧毒物品、非法走私物品、涉及人身安全或隐私类物品、烟草专卖品、仿制人民币等。

- **传播危害国家安全、民族团结、社会稳定的信息**。直播中不得传播危害国家安全、破坏民族团结与社会稳定的信息，包括但不限于以下行为：

一是未经授权使用或变相使用权威机构或专家身份推广。

二是未得到认可通过公职身份推广。

三是违背科学精神宣传迷信，如占卜、看风水等。

四是宣扬赌博、吸毒，诱导/教唆违法犯罪或传授犯罪方法的行为。

五是不当展示或损害国家和民族形象等敏感内容。

六是发布不恰当涉政言行。

- **发布低俗内容及庸俗、媚俗信息**。为防止对未成年人造成不良影响，不得在直播中出现以下行为：

一是主播着装暴露，或展示其他不宜展示的着装。

二是动作、声音、文字、道具、拍摄场所等带有不良暗示。

三是使用粗俗语言，展示恶俗行为。

3.2 直播人员筹划

3.2.1 打造人气主播

（1）主播能力分析

作为从事直播创业的主播，认识自己是必经之路，这不仅关系到能否吸引和留存粉丝，也关系到能否推动流量变现进而获取销售利润。

- **认识能力要素**。

优秀主播所应具备的能力主要包括专业能力、互动能力、控场能力、表达能力、应变能力、抗压能力和销售能力，如图3-5所示。在开始直播创业前，创业者应综合分析自身各项能力，并分析自己的长处和不足，做到心中有数、扬长避短。

图3-5 主播能力分析图

专业能力。专业能力是为了胜任某种职业而必须具备的能力，一般包含四方面关键要素，即扎实的基本功、体系化的行业领域知识、解决实际问题的能力、持续自我突破的能力。对应直播创业领域，即表现为个人或团队是否具备电商类直播或内容类直播输出的能力，包括电商类直播或内容类直播的基本功、有关直播创业的相对体系化的知识储备，以及能够解决直播创业相关问题的能力和突破直播创业发展瓶颈的能力。

互动能力。互动能力是人与人交流沟通的能力，其不仅体现在语言上的交流，更重要的是在互动过程中创造积极正面的沟通氛围，以及设身处地理解他人的观点和情感，也就是基于共情的交流能力。直播是一项持续性的工作，过程中没有太多的休息时间，为保持粉丝黏度和观看时长，主播可通过倾听、沟通等互动技巧提升粉丝的参与感。

控场能力。控场能力通常是指演讲者对演讲场面有效控制的能力，包括对受众情绪的调动、受众注意力的引导以及现场良好氛围的营造等。直播间氛围过冷或过热都会影响直播活动的最终效果，主播要有效引导现场氛围，消除粉丝互动过于热烈或冷清带来的不利影响，尤其是当出现"互掐"等严重事件时，主播要及时、坚决予以制止。

表达能力。表达能力又称表现能力或呈现能力，通常是指一个人把自己的思想、情感、想法和意图等，用语言、文字、图形、表情和动作等清晰明确地表达出来，并令他人理解、体会和掌握的能力。对直播创业者而言，表达能力至关重要。除了外显的利用语言、文字、图形、表情和动作合理呈现外，主播还要修炼自己的思想层次，因为只有真正深入思考过的内容才有可能更清晰地表达，也才更有可能获得共鸣。

应变能力。应变能力是指面对意外事件等压力，能迅速做出反应，并寻求合适的方法，使事件得以妥善解决的能力，通俗来讲就是应对变化的能力。直播中可能会出现各种突发状况，为保证直播活动有序流畅，主播需具备相应的应变处置能力。

抗压能力。抗压能力是个体心理素质的重要组成部分，也被称为心理承受能力，指个体对逆境引起的心理压力和负面情绪的承受与调节能力，主要包括对逆境的适应力、容忍力、耐力等。直播活动一般耗时较长，充分考验主播体能和心力，主播在进行直播活动时可能会遭遇各种情况，因此需具备过硬的心理素质。为避免违反直播间规则，主播需保持积极向上的心态，随时随地历练抗压能力。

销售能力。销售能力仅针对电商类主播。在直播项目运营过程中，销售能力是主播及运营团队综合能力的体现。考量指标不仅包括商品售卖和回款的数量，还包括销售的利润、客户满意度等多项指标。在进行电商类直播或有广告植入时，成为导购员的主播需具备一定的销售能力和销售技巧。

● **分析方法**。通过对自身能力进行评估分析,创业者能够更全面地认识自己,以便更好地服务于创业过程。本教材从以下几个维度提供自我分析的方法,供创业者参考。

以人为镜——通过反馈认识自己。美国社会心理学家查尔斯·霍顿·库利(Charles Horton Cooley)提出了"镜子理论",即别人对自身的评价是进行自我评价的一面镜子。"镜子理论"为认识自我提供了一种简单易行的方法,也就是日常在与不同人交往的过程中,人们将自身的外显行为呈现给他人,他人又通过表达对这些行为的看法(不仅限于语言表达)反过来影响人们对自身的认知,通过不同人、不同角度的持续反馈,人们逐步形成对自身相对完整的认知。

横向比较——通过对比认识自己。美国社会心理学家利昂·费斯廷格(Leon Festinger)指出,每个人都有一种评估自己的内驱力,在缺乏客观的、非社会标准的情况下,人们通过与他人比较来评估自己。个子高低、跑步快慢、能力强弱……人们无时无刻不在进行比较,对比的"参照物"往往是与自己地位、条件相似的人,如同学、同事、邻居、亲戚等,一般不会拿自己与顶尖学者或世界首富去争高低。

纵向比较——通过自我对比认识自己。纵向比较即把自己放在历史发展的数轴上进行比较,从过去、现在和未来的视角,将期待中的自我与现实中的自我进行比较。每个人,尤其是年轻人,都可以通过比较理想"我"和现实"我",积累积极向上的动力并明确前进的方向,通过坚定、忍耐和专注实现理想。

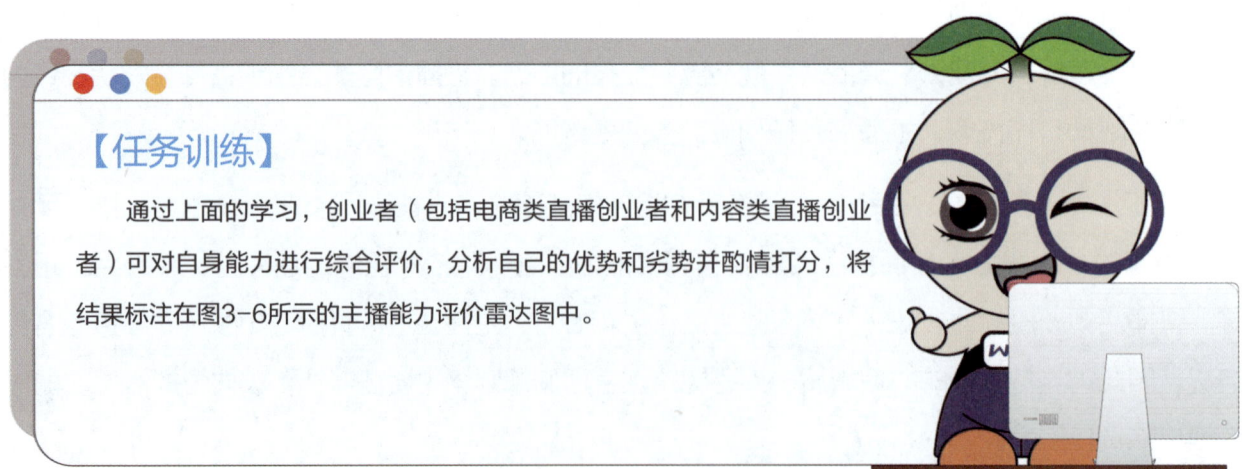

【任务训练】

通过上面的学习,创业者(包括电商类直播创业者和内容类直播创业者)可对自身能力进行综合评价,分析自己的优势和劣势并酌情打分,将结果标注在图3-6所示的主播能力评价雷达图中。

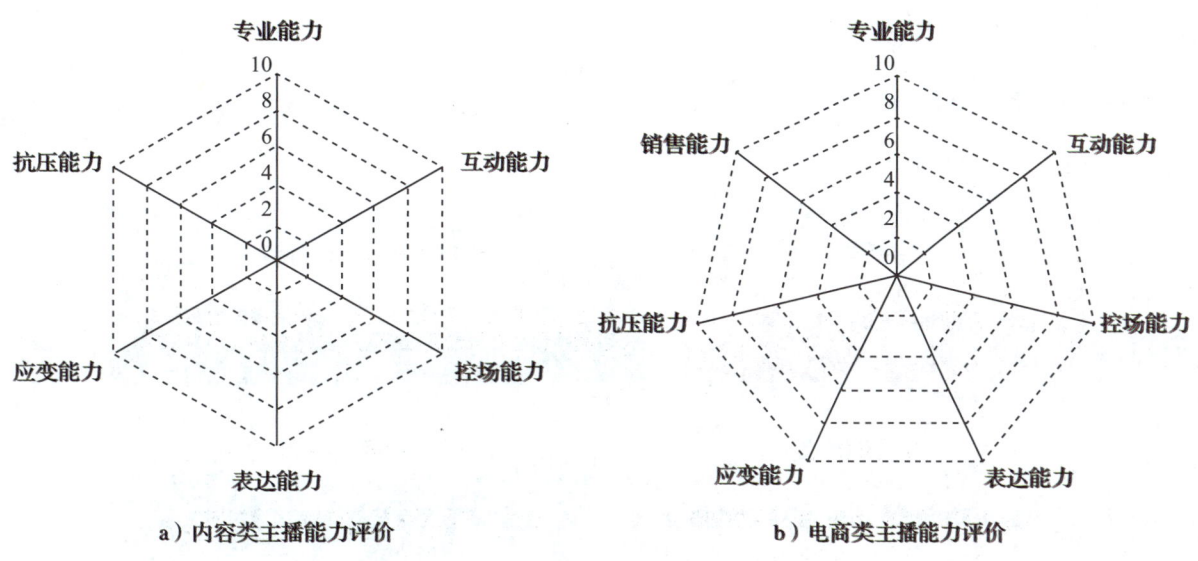

图 3-6 主播能力评价雷达图

（2）主播人设打造

主播人设也可以通俗地称为主播 IP。IP 是 internet protocol 的缩写，最早是指网络 IP 地址，后来赋予了新的内涵，其不仅可以理解为知识产权，也可以理解为某个人、某个角色甚至某个品牌。在直播经济发展的大背景下，主播 IP 化应运而生。在一场完整的直播中，主播是整个直播活动中牵引流程的关键角色，因此其 IP 属性至关重要。

身为主播（无论是明星还是网红），找准自己的风格定位非常重要，这将有助于最大限度释放主播的个人魅力并实现吸引粉丝的关键目标。对于那些超级主播而言，其人设已深植于受众内心，必然会产生强大的聚合效应和影响力，最终实现商业转化。所以，要想成为一名优秀的主播，除了必要的技巧外，个人定位的塑造极其重要。

直播创业者可以通过定位垂直领域、找准适合风格、确定定位标签、持续输出内容四个步骤打造专属的主播 IP。

- **定位垂直领域**。确立清晰、独特的定位是打造主播 IP 最关键的一步，而选取在垂直领域精准细分是取得成功的"不二法宝"。直播创业者想要在同质化严重的直播竞争环境中胜出，就需要在垂直通道中做到绝对聚焦，做到精准定位与精耕细作双向并行，切忌贪大求全。选定直播方向后，需保持主播 IP 定位与直播内容的一致性，直播内容匹配度越高，直播平台推荐机制才能发挥出越大的推送效力。

- **找准适合风格**。通俗来讲，风格是指个体具有区别于其他人的性格特征、气质装扮、行事作风等，其核心内涵是独特性。每个人都有基于自身的独特性因素，直播创业者要善于打造专属的独特风格，而不是随波逐流。

直播创业者可以通过问自己四个问题来认识自我风格：我是谁？我要做什么？粉丝为什么喜欢我？明年我将站在哪里？具体如图 3-7 所示。

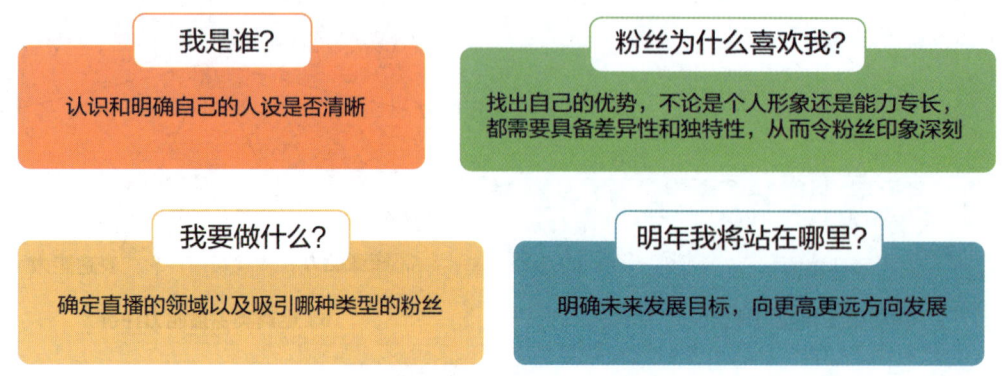

图 3-7　认识自我风格的四个问题

● **确定定位标签**。对主播进行标签化分类非常必要，有助于精准定向吸引粉丝。以下两种分类方式供直播创业者参考，主播可结合自身特色找到最匹配的人设标签。

一是按照外形风格进行分类。主播外形风格通常分为靓丽型、可爱型、其他型。

靓丽型通常不需要太多延伸表达，自身形象就足以吸引受众眼球，主播在直播过程中保持矜持、沉稳、冷艳或妩媚的形象相对更有吸引力。

可爱型主要通过外形和声音对受众形成冲击力，建议主播呈现出举止略显夸张的顽皮型，或是充满童心的孩子型，或是"萌萌哒"的清纯型。

无法选择靓丽型和可爱型的大多数主播则可以创造出独特的标签，建议始终以"特色鲜明、别出心裁、坚持自我"为原则，创设出一条差异化的定位路线。

二是按照才艺风格进行分类。主播才艺风格通常分为声音型、表演型、口才型以及其他类型。

拥有优美嗓音的主播可以选择用歌声打动受众，用心唱出自我，坚持唱出特色，尽力将得天独厚的声音资源发挥至极致，做最踏实的自己，而后等待粉丝来捧场。

表演型几乎适用于所有主播，具有表演天赋的主播适合走个性化和精品化路线，表演才能一般的主播通过大众化的路线坚持表演也能实现以量取胜。

口才型要求主播在口语表达上具备一定优势。应注意，无论是讲故事、说段子还是聊天、倾诉，主播都要足够真诚，并具备一定的灵活性和幽默感。

才艺无法归入上述三类的大多数主播同样可以在坚持自我的前提下,找出匹配自身特点、别人没有或不敢有的定位标签。

主播经济本质上是体验经济,内容即服务,投受众所好,与主播自身擅长的领域和性格特征进行匹配,以猎奇、脑洞、感观、走心、独特为定位关键点,就能找到自己的风格。

- **持续输出内容**。确立定位标签后就需要坚持,如果没有定位或是定位不清,每次直播的内容难免杂乱无章,而受众若无法在一个不确定标签的主播那里获得持续有价值的内容输出,自然也不会持续投入注意力资源,进入直播间的游客也会随时离开,导致主播无法积累粉丝,更无法造就一批"铁粉"。另外,主播需要做到输出的内容有价值,无论是做美食直播还是知识直播,都需要通过持续不断的内容输出积累受众对主播的信任,从而形成对主播IP的深度黏性。

(3)主播能力提升

要想成为优秀的主播,就要着重从直播话术、吸粉方法和引导打赏三个维度提升自身的综合能力。

- **直播话术**。直播话术一般指直播销售话术,主要针对电商类主播而言。如今大量企业或商家涌入直播带货行业,而电商类直播的主播某种程度上类似于传统的电视购物导购员,其话术技巧可用八个字概括——深研人性,投其所好。优秀的电商类主播会不时向观众丢"糖衣炮弹",通过发放优惠券、抵用券等促销手段一步步引导消费者下单。在直播项目运营过程中,主播可以学习直播3W讲解法,深入研究为什么要买、为什么买你的和为什么马上买三个问题,如图3-8所示。

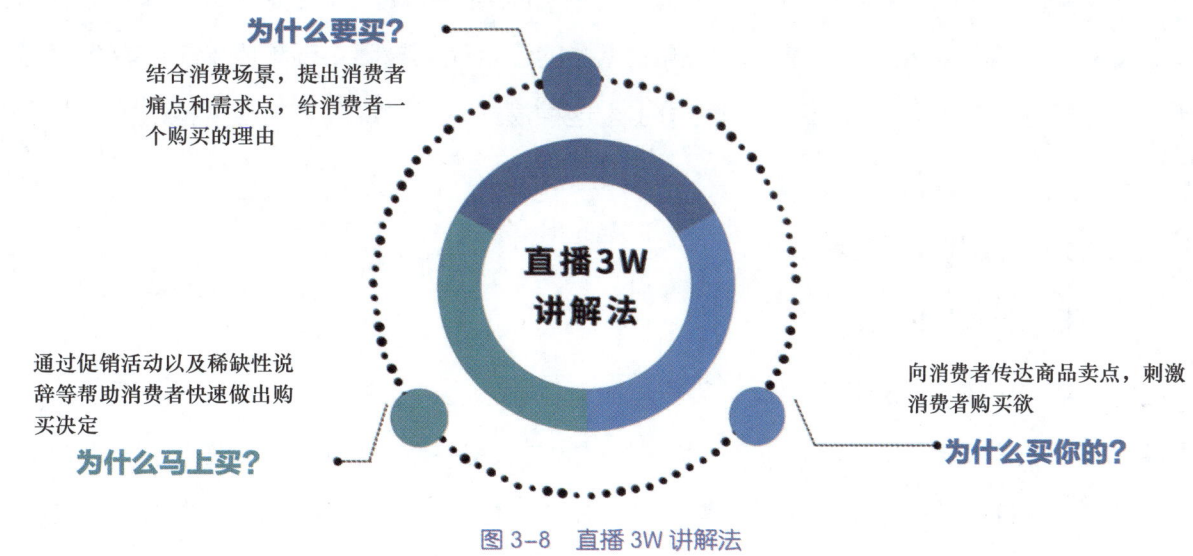

图3-8 直播3W讲解法

- **吸粉方法**。内容为王是亘古不变的真理，受众想要在主播身上获得持续有价值的内容是对主播的最大考验，也是主播吸粉的关键所在。

直播项目运营过程中，有不少主播困惑于粉丝太少，即便通过互动吸粉也无法实现快速增粉的目的，究其根本原因就是内容不够吸引人。而如果直播内容定位不明确，令直播平台推荐时无法清晰判别商品和用户特性，公域流量的推荐自然也会降低。所以，保持领域的垂直细分并持续输出精品内容是吸粉的核心动因，例如，做美食直播就要坚持围绕美食做内容，这样账号在平台中的权重才会提升，才能获得平台更精准的粉丝推荐。内容垂直度高，领域精细，方能打造主播IP的高辨识度。

优质的直播内容一般具备较高的垂直度和原创性，如果一味模仿抄袭，粉丝就会因为内容太"水"而逐渐失去兴趣。主播只有找到适合自身IP的内容，通过独特的定位和输出视角，才能在浩如烟海的网络直播活动中脱颖而出，进而被受众关注，实现增粉。因此，主播必须进行必要的受众需求分析，通过研究受众关注点和需求点洞察其三观、角色、社会关系等，并通过数据分析了解其生活、工作、消费以及交际场景，更好地服务于直播内容的系统化运营。

- **引导打赏**。一名优秀的主播不仅要具备吸粉并保持粉丝黏度的能力，还要有商业转化的能力，主播通过"撩粉"引导粉丝打赏是流量变现的主要方式。

打赏是指粉丝在观看直播活动时，出于对主播或直播内容的喜爱而奖励主播的行为。打赏的形式一般包括现金、虚拟币或虚拟礼物。从心理学角度分析，粉丝打赏主播多数是出于寻求自身存在感的心理诉求，尤其当一些直播平台推出打赏排行榜后，一些粉丝为了"榜上有名"纷纷"慷慨解囊"，这种现象已经成为热门直播平台的独特风景。暂且不论粉丝行为是否完全合理，单从主播角度来讲，被打赏越多，说明主播的综合能力越强。现阶段除了内容类直播平台惯用打赏模式外，电商类直播平台也纷纷引入这种模式，足以说明打赏在主播能力提升中的价值和魅力。

3.2.2　组建直播团队

（1）直播团队岗位构成

创业初期，主播所拥有的平台流量和粉丝数量往往较少，通常一个人承担起直播项目的所有工作。但一旦进入发展期，直播间流量激增，直播时长也会相应增加，此时主播就需要兼顾不同时段、不同人群的观看需求，丰富直播内容，优化营销模式。若后期发展成为平台签约主播，则会对管理社交媒体、商业版块内容运营甚至不同平台粉丝的社群管理等做出硬性要求。此时主播就需要组建直播团队。

直播团队岗位构成主要包括主播、运营、副主播/主播助理、策划、招商/选品、场控六类，创业者可结合实际需要为每个岗位配置相应的人员。

（2）直播团队岗位职责

- **主播的岗位职责**。

直播前：熟悉直播脚本内容，明确直播目标。电商类主播在直播中还需熟悉商品特性，了解直播过程中的优惠和福利信息。

直播中：活跃直播间气氛，把握直播活动节奏，引导新粉关注并维护铁粉。电商类主播还需讲解商品卖点以引导观众下单。

直播后：打造个人 IP 并提升粉丝黏度，领导直播复盘，定期发放粉丝福利。电商类主播还需关注发货及客服问题。

- **运营的岗位职责**。负责整体运营和安排；规划整场直播的内容；确定直播的主题并维护直播间流量；做好团队协调，包括外部协调、内部协调以及人员的关系和情绪协调；引导数据监控，发现直播中出现的问题并及时解决；复盘直播并进行实时数据分析，总结并提出优化建议。

- **副主播/主播助理的岗位职责**。副主播/主播助理一般出现在电商类直播中，岗位性质偏向辅助性。

直播前：确认货品、样品及道具的准备是否就位；检查直播设备并做好网络调试，确保直播成功；熟悉脚本内容并及时提醒主播；熟悉商品性能，做好替场准备。

直播中：配合场控与主播协调；副主播一般出镜与主播搭配，协助主播直播，而主播助理一般在镜头外辅助主播；在观看人数较多时进行互动答疑、商品讲解；进行穿搭、商品试用；做好货品整理；当各种因素导致主播不方便出场时，副主播/主播助理替代出场。

直播后：协助主播做好直播后相关工作，主要包括打造个人 IP 并提升粉丝黏度，协助直播复盘，定期发放粉丝福利等。电商类直播中还需注意发货及客服问题。

- **策划的岗位职责**。负责直播的内容策划，包括选题、执行、统筹等工作，以及策划推广文章、短视频创意等。统筹直播内容执行或派题，与直播后方、嘉宾及其他部门沟通协调。根据主播的人设和粉丝属性，策划直播脚本，包含销售话术撰写、活动策划执行、优化内容质量等。

● **招商/选品的岗位职责**。直播间商家招募、合同签订及客户维护，电商类直播商品对接及促销活动协调，电商类直播商品更新，电商类直播产品监控、排期和整理等。

● **场控的岗位职责**。调试设备，如网络、摄像头、灯光角度等；软件设置，如直播音轨推流方式等；做好后台操作，如直播推送、公告、商品上架、修改价格、录制讲解视频等；数据监测，监测在线人数、峰值数据、商品点击数据等；直播过程中有异常情况时及时反馈给直播运营，并负责指令的接收及传达，例如，直播运营有要传达的信息时，场控就要及时传达给主播和主播助理，并令其传达给观众。

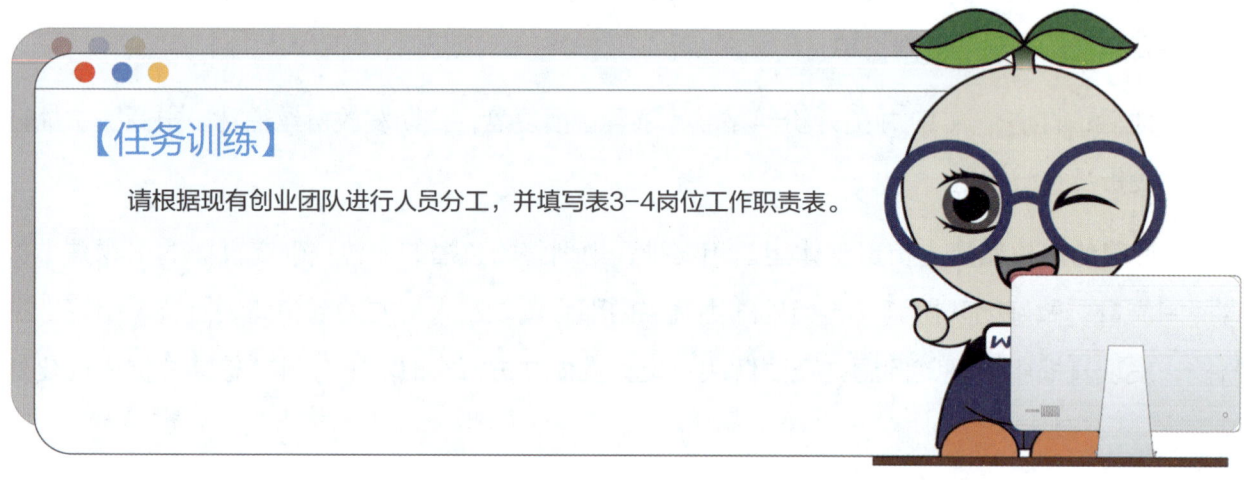

【任务训练】

请根据现有创业团队进行人员分工，并填写表3-4岗位工作职责表。

表 3-4　　　　　　　　　　　岗位工作职责表

岗位	工作内容	初创阶段（可兼任或兼职）	下阶段招聘计划
主播			
运营			

续表

岗位	工作内容	初创阶段（可兼任或兼职）	下阶段招聘计划
副主播/主播助理			
策划			
招商/选品			
场控			

3.3 直播现场筹划

在正式开展直播活动前，做好现场策划并配备相应的硬件设施以及场景装饰是必不可少的重要环节。对于没有直播经验和运营经验的新手主播来讲，如何选择合适的硬件设备并确定直播间的基础布置与装饰风格是很有挑战性的事，尤其在创业资金有限的初创阶段，精简高效的直播现场筹划更有价值。

3.3.1 直播间硬件基础

（1）画面采集

直播间画面采集可通过三类设备实现，即智能手机、电脑和摄像头、专业摄像机，这三类设备专业化程度依次提高，创业者可结合项目不同发展阶段的具体需求和资金情况进行配置，新手主播在粉丝尚未积累到一定规模前，建议采用智能手机或电脑和摄像头来完成画面采集工作。

- **智能手机**。由于直播推流对硬件要求较高，尽量选择CPU型号较新、性能较好的智能手机进行拍摄。同时考虑到主播在直播期间要与粉丝进行互动，建议配备两部手机，一部用于直播拍摄，另一部用于互动以及采集音乐和音效。直播对画面稳定性要求较高，建议同时采购落地手机支架或桌面手机支架，如图3-9所示。

- **电脑和摄像头**。采用电脑直播推流对电脑CPU的性能要求较高，推荐使用带较新型号或较高级别CPU的电脑。对摄像头的要求取决于直播画面清晰度要求，一般可直接使用电脑自带的摄像头，而如果对视频画质具有较高要求，则可购买专业的高清摄像头进行直播，这类高清摄像头一般自带拾音麦克风，使用起来较为方便，如图3-10所示。另外，为实现与粉丝互动，还需配备一部智能手机。

图3-9　手机支架示例

图3-10　电脑和摄像头组合示例

- **专业摄像机**。如果需要更加专业和清晰的画面，就需要用到专业摄像机，如图3-11所示。专业摄像机拍摄的画面可以更真实地还原直播间场景，拍摄画面色差较小，呈现出来的画质更清晰，色彩还原度更高，细节也更丰富，但成本相应也会更高。同时，由于专业摄像机拾音功能的限制，还需要搭配电容麦克风或无线麦克风。

图3-11　专业摄像机示例

（2）声音采集

声音采集主要考虑两方面，一是主播的声音收录，二是声卡。

- **声音收录**。一般直播使用智能手机或电脑自带的拾音、放音功能即可满足要求，如果对音质有更高要求，则可以配备入耳式耳麦、头戴式耳麦、领夹麦克风、电容麦克风或无线麦克风等，个别麦克风还可同时配备麦克风支架，如图3-12所示。

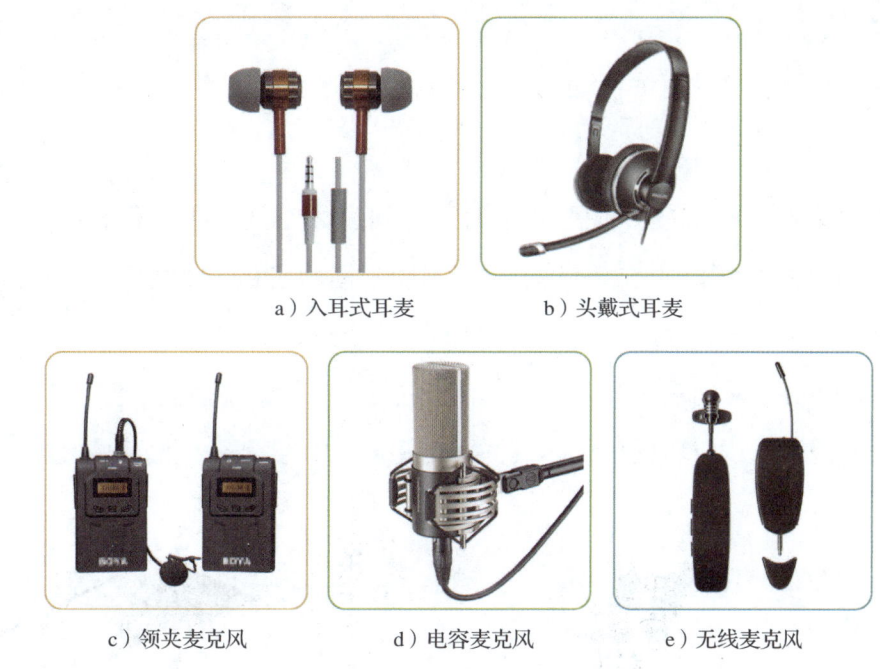

a）入耳式耳麦　　b）头戴式耳麦

c）领夹麦克风　　d）电容麦克风　　e）无线麦克风

图3-12　常见的拾音、放音设备

- **声卡**。声卡是直播设备的核心组成部分，如图3-13所示，它的作用是美化主播的声音并提供多种音效来活跃气氛，如鼓掌声、哄笑声、嘘声等。目前很多声卡都可直接与智能手机连接。

图3-13　声卡示例

（3）网络配置

网络配置要求通常与参与直播的人数有一定的关系，但创业初期，主播无须特别配置网络资源，一般家庭百兆宽带（100Mbps）就能满足直播要求。如果参与直播人数增加，网速直接影响受众体验，创业者就要及时按需升级网络资源。同时，为保障直播进程的顺畅运行，建议在直播设备端同时关闭耗费网络资源较多的其他视频画面或游戏画面等。

（4）灯光配置

配置合适的灯光可以营造直播活动的现场氛围。一般室内直播间会用到主灯、补光灯和背景灯三种灯型。

主灯是室内直播间光线的主要来源，承担直播间整体空间的主要照明职能，可以使主播受光均匀。补光灯的作用是辅助主灯的灯光，增加主播脸部的立体感和人物形象的轮廓感，起到局部打光作用。补光灯类型可以分为四种，即球形灯、LED灯、环形灯、方形灯箱，如图3-14所示，价格从百元到三千元不等，具体功能上并无太大差异。背景灯又称环境灯，用于背景空间打光，使用背景灯有助于统一直播间各角度的亮度，令直播间内光照均匀。

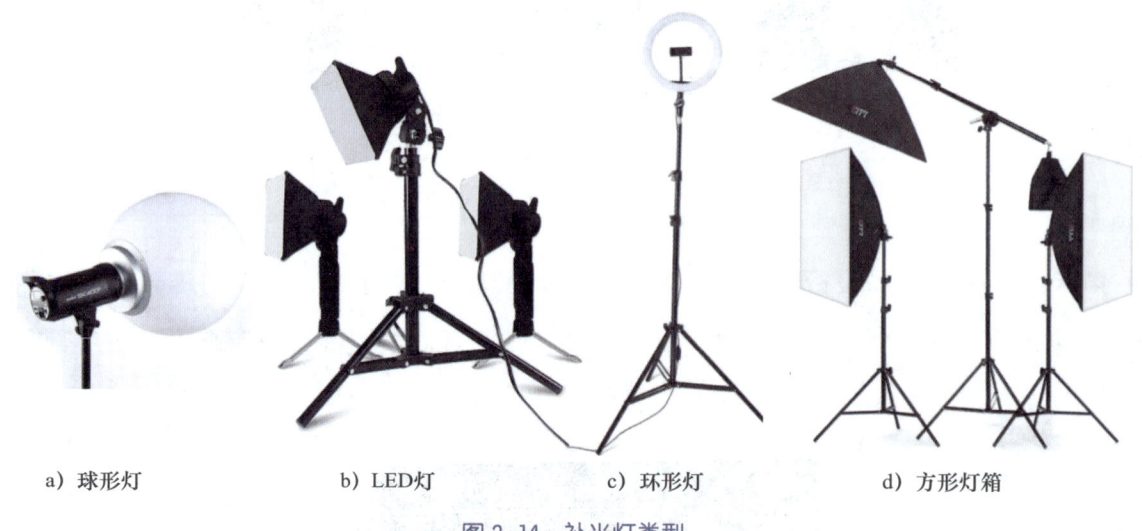

a）球形灯　　　b）LED灯　　　c）环形灯　　　d）方形灯箱

图3-14　补光灯类型

3.3.2　直播场景选择

直播场景按空间是否封闭可分为室内场景和室外场景两种，这两种场景同时适用于电商类直播和内容类直播。

（1）室内场景

选择室内场景开展直播时，主播可结合自身习惯或实际需求选择坐姿或站姿。同时为保证室内直播效果，在场景布置时一般会按需搭配其他相关道具，如背景幕布、显示屏、提词器、展示架、氛围布景、黑/白板等。下面列举了几种室内直播场景布置方式，供创业者在室内场景布置时参考。

知识类直播可通过显示屏播放PPT，访谈式双人出镜直播或单人出镜直播都可以选择沙发作为主体布景道具。

游戏类直播若采取桌面录屏方式，对场景布局要求不高，应更注重隔音问题。

电商类直播若想通过场景展示商品，需要通过合适的装修及配备相应的营销道具来营造氛围。

不同内容的直播对室内直播场地要求也不同，创业者需根据自己的直播方向规划合适的场地方案，在选择室内直播场景时需注意以下几点。

一是有较好的隔音/吸音效果，避免外界嘈杂声音干扰以及回音。

二是可通过自然光、室内光以及其他辅助灯光营造舒适唯美的光线效果，美化主播形象并提升场景的美观度。

三是为其他工作人员及道具展示预留相应的场地空间，避免因人员距离太近或画面拥挤等给直播活动带来负面效果。

四是通过装修和场景布置创造出的整体效果需与主播格调一致，并保持与直播定位和风格精准匹配。

（2）室外场景

选择室外场景直播可以给粉丝带来耳目一新的观看体验，从客观上推动直播销售的成果转化。例如，电商类直播可选择以原产地、供应链端口、门店等作为直播场景；内容类直播为打造身临其境之感，可以选择风景优美或具有标志性建筑物的景点进行直播。

与室内直播相比，室外直播具有更多不可控的因素，对收音设备等也有更高要求。选择室外场景时，创业者需考虑以下因素。

一是天气环境对直播的影响。如室外光线过暗需准备手持便携式补光灯，阵雨时需考虑可替代的其他场景。

二是若环境嘈杂，需考虑配备专业拾音设备以及放音设备。

三是选择的场景应风景优美或具有标志性建筑物，以吸引粉丝，为线下导流。

四是需符合有关规定,避免违规犯法,如不可在高速公路上直播,在商业场地直播需获得相关管理部门批准等。

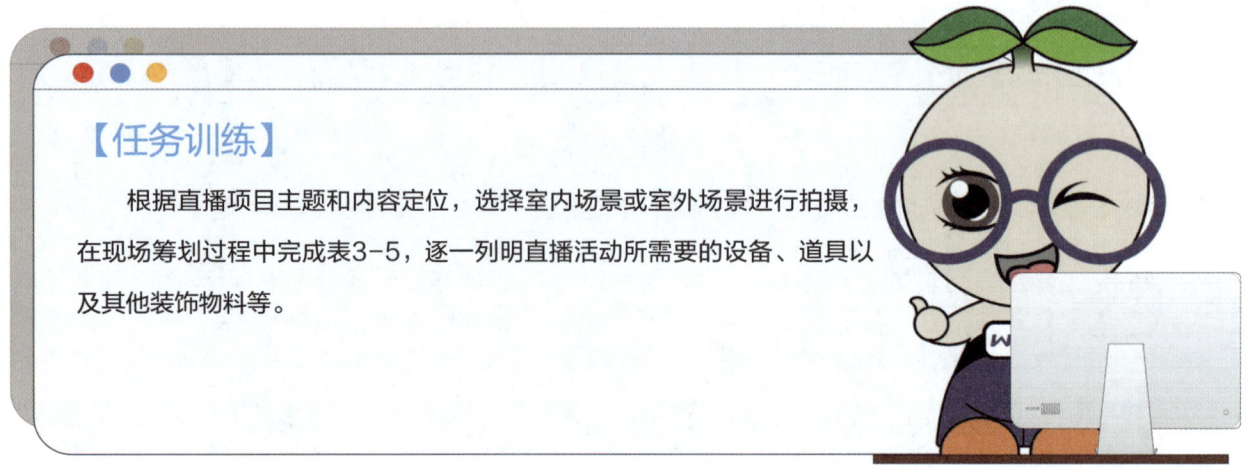

【任务训练】

根据直播项目主题和内容定位,选择室内场景或室外场景进行拍摄,在现场筹划过程中完成表3-5,逐一列明直播活动所需要的设备、道具以及其他装饰物料等。

表 3-5　　　　　　　　　　　　　　直播现场筹划

直播场景选择	□室内场景　　　　□室内场景				
直播硬件设备	画面采集	□智能手机(　)部　□手机支架　□电脑　□摄像头___　□摄像机			
	声音	□入耳式耳麦　□头戴式耳麦　□外部收音　□话筒　□话筒支架　□声卡			
	网络	□室内宽带___Mbps　□室外无线网络			
	灯光	□球形灯(　)个　□LED灯(　)个　□环形灯(　)个　□方形灯箱(　)个			
直播道具	□显示屏　□幕布　□提词器　□黑/白板　□其他				
直播间装饰	□花草　□背景幕布　□展示架　□其他				

3.4　直播资金筹划

创业需要激情更需要理性规划,尤其在财务管理方面,创业者务必谨慎对待,切忌在毫无规划的情况下耗费预备资金。在开始创业前,创业者就要对资金进行仔细核算并明确相关问题:哪些地方需要投入资金?需要投入多少资金?资金从哪儿来?有没有更优的替代方案?如何做到成效显著的开源节流?

启动资金是为保障项目正常运转所需准备的前期投入资金,也包括企业开办前的各项前期开支。对应到直播创业领域,启动资金包括支付直播平台的费用,还包括购买(或租赁)直播场地和直播设备、直播搭建场景、宣传推广、支付员工薪酬以及日常办公支出等费用。

按投入的频次和有效时长，启动资金可以分为投资资金和流动资金。

3.4.1 投资资金

投资资金指的是为直播创业项目购置的固定资产和无形资产以及支付开办费和其他相关支出的总和。该部分投入一般是开业前的一次性投入或收益期较长的支出。

（1）固定资产

就直播创业而言，固定资产指的是为项目采购的设备或场地等，如手机、补光灯、声音设备等，才艺类主播可能需要专业麦克风，游戏类主播可能需要专业电脑设备等。除此以外，办公设备、搭建直播场景所需的各类物料等都是需要购置的固定资产。

（2）无形资产

无形资产是指企业长期使用的、不具有实物形态但能带来经济收益的资产，如特许经营权（商标特许使用权、产品特许经营权、营运模式特许经营权）、商标权、专利权、大型软件等。另外，直播创业若以企业的形式经营，还会产生相应的代理费、加盟费等，若金额较大也应计入无形资产。

（3）开办费

开办费是指为了直播创业而支出的注册登记费、平台使用费以及金额不足以成为无形资产的软件购买费等，此外还包括开业前的培训费、差旅费等。在直播创业前期，根据当前法律法规要求，可不用申请工商注册，但不同直播平台的入驻条件不同，部分直播平台需要企业资质才可以入驻，此时就需要完成工商注册。

（4）其他投资

其他投资指的是除上述投资外的开支，如直播活动中为粉丝派发奖励所产生的费用等。

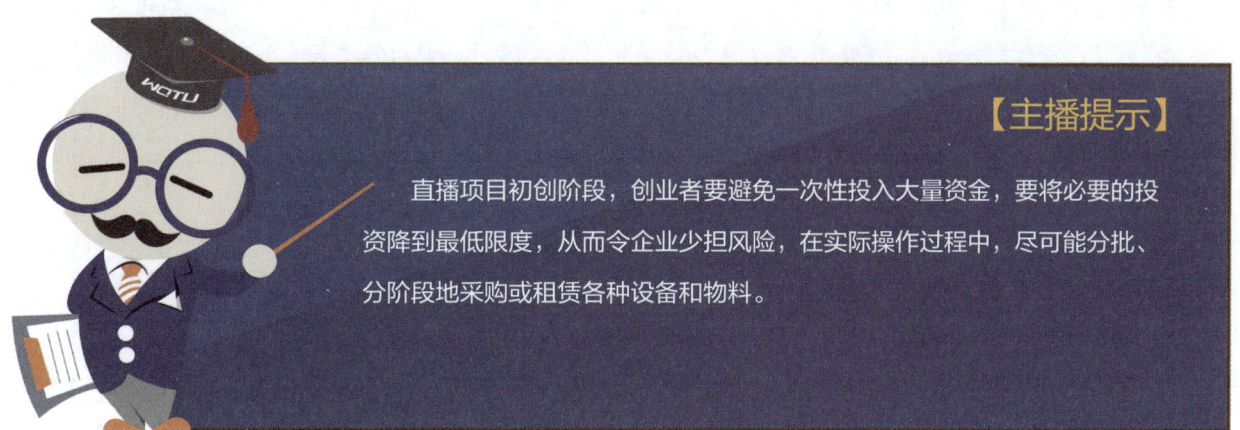

【主播提示】

直播项目初创阶段，创业者要避免一次性投入大量资金，要将必要的投资降到最低限度，从而令企业少担风险，在实际操作过程中，尽可能分批、分阶段地采购或租赁各种设备和物料。

3.4.2 流动资金

除上述投资外，直播创业还需要日常固定的一些开支费用，也就是流动资金。流动资金又称运营资金或周转资金，指的是创业运作过程中收不抵支的情况下，为确保持续经营而提前准备的一笔资金，这笔资金一般用于支付企业日常开销。根据直播项目的定位和运作模式的不同，流动资金的日常开支形式也有所差异，一般包括购买并储存原材料和商品的费用，场景搭建耗材费用，推广费用，工资，场地租金，游戏或软件的会员费，电商类直播的物流费，平台店铺的装修费，水电费、宽带费、电话费、维修费等其他费用。

实训演示　　预测直播创业启动资金

通过前面内容的学习，小王打算在直播平台上开始电商类直播创业。由于创业初期所具备的各类资源有限，本着节约高效的原则，小王决定在家里开展直播活动。为计算直播创业具体需要多少资金，小王根据所学知识和自身情况，进行了以下规划和预测，见表3-6。

表3-6　　　　　　　　　　直播创业启动资金测算表

类别	项目	前3个月开支（元）	备注
投资资金	平台费用	1 000	保证金等
	购电脑	4 500	用电脑直播推流
	购摄像头+麦克风	600	通用型摄像头自带麦克风
	购补光灯	500	环形灯+方形灯罩
	购支架	100	手机支架
投资资金小计		6 700	—
流动资金	水电费	450	—
	宽带费	1 200	不同运营商的宽带费标准有差异，需结合实际考虑
	电话费	750	—
	员工薪酬	3 000	前期如不提取需计入后期成本
	推广费用	6 000	付费推广或活动商品采购
	其他费用	1 000	可作为备用金用于非预期内开支
流动资金小计		12 400	—
启动资金合计		19 100	

第3章 直播创业筹划

【主播提示】

需要准备几个月的流动资金呢?直播创业者需要根据自身所选项目的定位和运营模式,通过市场调研预测多长时间才能实现收支平衡,有些需要准备三四个月,有些需要准备半年甚至更长时间。

【任务训练】

请结合自己的直播创业项目,填写表3-7,在3个月或更长的时间维度上,进行启动资金的测算。

表 3-7　　　　　　　　　　启动资金测算表(3个月)

支出项		说明	预计金额(元)
固定资产	购(租)直播设备		
	购(租)办公设备		
	购场景搭建材料		
无形资产	特许经营权		
	专利权		
	大型软件		
开办费	注册登记费		
	平台使用费		
	购软件费		
	调研费		
	培训费		
其他投资	装修费		
	转让费		

续表

支出项		说明	预计金额（元）
日常支出（至少预计支出3个月或更长时间）	购原材料或商品		
	购场景搭建耗材		
	推广费用		
	员工薪酬		
	房租		
	软件会员费		
	平台店铺装修费		
	其他费用		
初期启动资金总额			

思考 & 练习

1. 电商类直播选品有哪些具体方向？如何提炼适合自己的选品思路？
2. 如何打造主播人设并进而提升主播能力？
3. 直播团队核心岗位包括哪些？其岗位职责分别是什么？
4. 如何筹划直播创业的第一笔启动资金？

引言

通过前三章的学习，创业者已经完成了对直播创业项目的选择与分析，以及对直播创业的内容筹划、人员筹划、现场筹划、资金筹划等工作，接下来将进入直播运营的具体操作阶段。在这一章中，创业者将着重学习直播运营的关键知识和技能，这是决定直播创业成功与否的重要环节。

直播运营是对直播活动进行计划、组织、实施和控制的全过程，并通过直播的形式令产品或服务与用户产生深度关联。直播运营是一项复杂的系统性工程，涉及的工作内容非常庞杂，一般包含主播管理、内容运营、用户运营、产品或服务运营、数据运营等，最终目的是选择合适的内容或商品，通过直播间的展示获得与之匹配的精准流量，实现促进销售金额增长的经营目的。

直播运营在具体实施过程中，充分考验创业者的策划能力、团队协作能力、项目管理能力以及推广文案撰写能力等，创业者要在理解直播运营基本原理的基础上，通过直播总体设计、直播内容设计、直播脚本设计三个步骤完善直播运营工作流程，并在实践中不断丰富和优化。

第 4 章 直播运营

直播运营即借助直播平台和特定的营销模式对项目进行计划、组织、实施和控制的全过程。创业者在具体实施直播运营的过程中，应通过制定策略、目标拆解、独立或协同推进项目、数据分析等方式发现问题和解决问题，并对业务结果负责到底。直播运营是连接用户与产品或服务的重要纽带，人、货、场是运营过程中的三大关键要素。

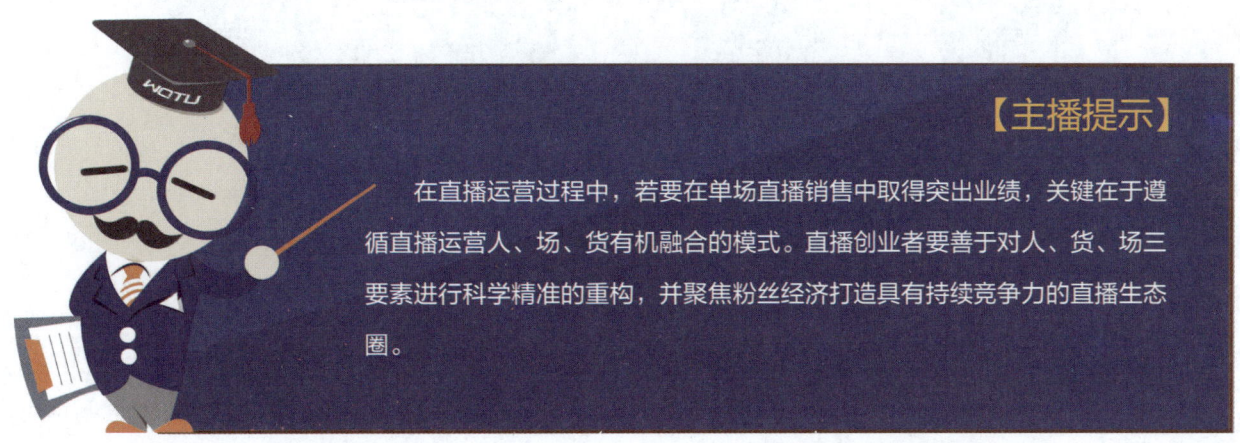

【主播提示】

在直播运营过程中，若要在单场直播销售中取得突出业绩，关键在于遵循直播运营人、场、货有机融合的模式。直播创业者要善于对人、货、场三要素进行科学精准的重构，并聚焦粉丝经济打造具有持续竞争力的直播生态圈。

4.1 直播运营关键要素

多数创业者可能会认为主播是直播过程中最稀缺的资源，其实直播运营在很大程度上承担了主播背后核心操盘手的角色。创业早期，直播团队齐心协力共同打造了一个画像清晰的主播人设，但项目进展到一定程度，主播则可能更多地担负起"演员"的职能，而直播运营涉及的工作内容则非常庞杂，一般包含主播管理、内容运营、用户运营、产品或服务运营、数据运营等。

直播运营是构建在直播经济基础之上的新型商务模式。既然是商务模式，其本质就离不开商业的核心内涵。商业的核心内涵是，建立在产品或服务基础上，借助交易场景和手段，构建与消费者之间的交互和信任关系，从而实现其商业价值。人、货、场构成了直播运营中的关键三要素，彼此之间环环相扣、有机融合。不论是内容类直播还是电商类直播，本质都是人、货、场三要素的关系构建和优化，如图4-1、图4-2所示。

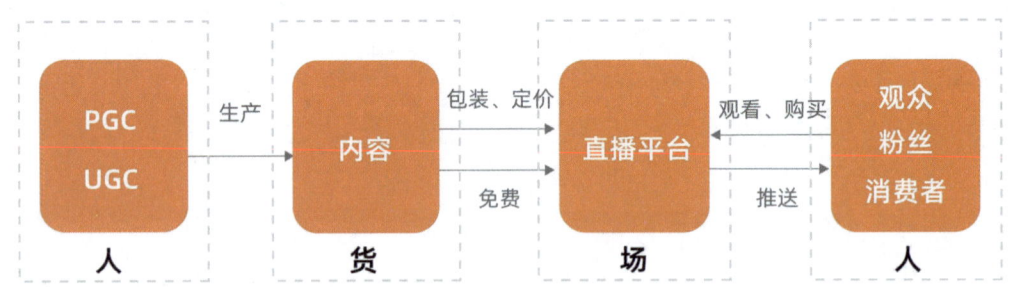

图 4-1　内容类直播人、货、场示意图

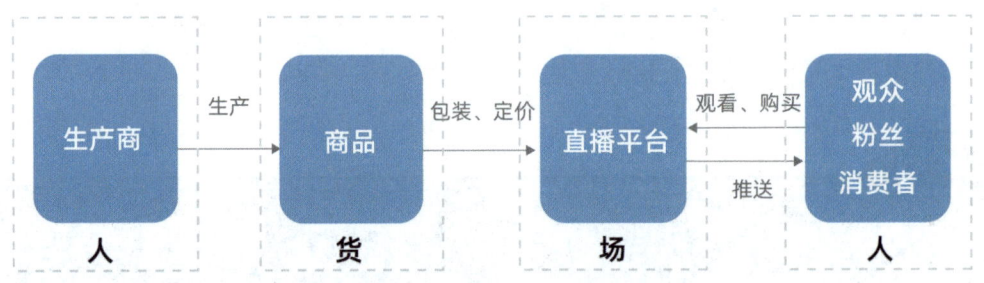

图 4-2　电商类直播人、货、场示意图

4.1.1　直播运营关键要素——人

从广义的角度来看，直播运营关键要素中的人包括供需的两端，一端是直播团队，即商品或内容的提供者或生产者；另一端是观众、粉丝或消费者，即商品或内容的需求者。这里的观众指的是在直播间观看内容类直播或电商类直播的人，一般与主播没有情感链接，也没有关注主播。粉丝指的是出于对主播的喜爱而进入直播间，且关注了主播的人，一般与主播有情感链接。而消费者则指的是实施了购买行为的观众或粉丝。

（1）团队

直播团队中除传统的采购、仓储物流岗位外，还设有主播、副主播/主播助理、策划、场控等岗位。一场直播活动的成败在很大程度上取决于团队成员之间是否分工明确以及能否通力协作。但直播活动过程中决定商品是否畅销或者内容是否吸引人的关键依旧是主播，主播是直播间的灵魂人物。不论是内容类直播还是电商类直播，主播的个人魅力和内容输出能力都是决定直播成败的重要一环。例如，火爆全网的"口红一哥"就曾凭借富有标志性的推销方式在某直播平台创造了 5 分钟内卖出 15 000 支口红，在 10 分钟内卖出 40 万瓶粉底液的惊人业绩。

主播又可分为素人主播（非职业主播，很多时候由公司内部员工担任）、职业主播、网红明星主播等。其中网红明星主播自带优质流量，因而受到众多实力雄厚的直播平台或知名商家的热烈追捧。企业或商家在选择与主播合作时，需要重点考察主播的人设定位、知名度及业务能力，也可以根据主播以往的带货能力以及所能达到的效果进行综合考察。

一般情况下，直播创业者挑选或运营主播可以参照以下思路。

如果产品或服务在消费群体中已经具备一定的认知度和知名度，那么选择素人做主播不失为一种理性的选择。因为有认知度的商品或品牌在前期的市场运营中已经具备了一定的受众基础，粉丝进入直播间的第一诉求是获取商品卖点、价格优势等信息，而素人因为是公司内部员工，对于自有商品的核心卖点以及与竞品的差异化优势往往比外聘主播了解得更加深入和细致。除此之外，素人主播能力的可塑性和工作时间的可控性既可以保证直播活动的日常化，又可以有效节约公司经营成本。

对于刚成立不久的新品牌或者身处行业"红海"无法脱身的产品或服务，在公司经营成本可控的前提之下，可将拥有较高知名度和自带巨大流量的网红明星作为直播冷启动的第一步，以便短时间内迅速提升产品或服务的人气和品牌知名度，为后续发展做强势铺垫。之后可邀请具有较高人气的职业主播巩固品牌热度，进一步扩大产品或服务的影响力和受众基础，吸引更多粉丝。

那么，在直播运营中，关键要素——人（团队）中的主播如何运营呢？首先是主播人设的匹配度，尤其是头部主播都自带身份标签，如上文提到的"口红一哥"，受众会自然联想到其售卖口红等美妆类商品的盛况，假定此时让"口红一哥"去卖水果，受众可能会感觉不适应；其次是主播的业务能力，如主播在细分领域中的知名度、直播情感态度和直播技巧等。

（2）观众、粉丝与消费者

不管是内容类直播，还是电商类直播，其运营的初衷都是服务观众、粉丝或消费者，直播的需求者代表了直播的流量，也体现了直播的价值。这种价值不仅体现在需求者的消费能力、消费体量等方面，还体现在与主播的互动、宣传、情感链接、商品或内容反馈等方面。也就是说，通过直播运营，可以实现由观众到粉丝再到消费者的转化。

那么，如何把观众转化为粉丝呢？

直播过程中，主播要与观众建立良好的沟通，使之成为愿意倾听、相谈甚欢的朋友。如果主播和观众缺乏沟通，让观众感觉形同陌路，那么观众流失定是必然。因此，主播要具有同观众有效沟通、与观众互动、调动观众情感进而把观众转化为粉丝的能力。

一是主播要主动让观众表达对自己的意见，调动直播间气氛。直播过程中，主播可以用一些幽默的语言或标志性的口号等，或者通过形体表达等方式活跃直播间气氛。这里需要注意的是，实施过程中，要随时关注观众的反馈，并及时回馈，而且在实施完成后要主动请观众评价，让观众参与活动，使其在心理上有一种做主人翁、被重视的感觉。

二是主播的表情和动作要丰富。许多新手主播最容易犯的错误就是表情、动作单一、僵硬、不自然，这样很难获得较高人气，很难把观众转化为粉丝。

当然，转化是一个循序渐进的过程，主播也不能急于求成，要在掌握技巧和方法的基础上加以实施，才可能实现其转化。

对直播来说，主播与粉丝之间的关系构建存在一定的系统性和复杂性，由此也形成了粉丝经济。粉丝的力量不可小觑，忠实的粉丝会在主播有负面信息或不良影响时，主动站出来维护主播形象；会在主播遇到困难时，积极帮助主播厘清障碍，同时会为主播的知名度提高而感到由衷的愉悦。

粉丝经济是一种依托高级别互动关系的经营性创收行为，在实际运营过程中依靠提升用户黏性来打造"有口皆碑"的品牌逻辑内涵，是一种信任代理经济形态。

那么，如何进行粉丝运营和维护呢？可以从以下几个方面进行思考。

一是策划贴近粉丝需求的直播内容，优化内容质量，提高内容的领域垂直度。内容质量的优劣在某种程度上直接决定粉丝的黏性及其对产品或服务的满意度和忠诚度。创业者要在选题、素材、文案等各个细分领域精耕细作。

二是直播运营中要善于运用站内工具（直播间、粉丝群等）和站外工具（社群、朋友圈、微博等）强化主播与粉丝之间的互动，要善于亲力亲为，想粉丝所想，急粉丝所急，并学会使用数据分析理解粉丝的需求，提出解决问题的方法或措施。

注：实现观众与粉丝到消费者的转化，是基于人、货、场通力协作实现的，是一项系统且复杂的工作，待学习完货与场的内容后，相信会有一定的思考。

4.1.2 直播运营关键要素——货

"巧妇难为无米之炊",没有货,再优秀的直播运营团队也无能为力。货主要分为有形产品和无形服务两种类型。在内容类直播和电商类直播中,货的表现形式是不一样的。内容类直播中货的概念指主播的才艺、游戏竞技或者某类专业知识,电商类直播中货的概念指出售的各类商品。那么,货的运营应该注意什么呢?

- **货的品质**。为用户提供有价值的产品或服务是一切商业活动的根本,没有竞争力的货品注定在直播经济的大环境中只能是"昙花一现"。对于内容类直播而言,创业者要为用户提供深度和广度兼具或者有较强引导性、教育性或娱乐性的内容;对于电商类直播而言,创业者要为用户提供高性价比和优质的商品。

- **货的时间点**。直播运营中要善于把控出货的时间点。电商类直播,出售的商品若有较强的季节性和阶段性,一定要在时间点上掌握先机;内容类直播,要善于在当下主流的知识领域或热门话题中策划"话题营销",以吸引粉丝关注和评论。

- **货与人的匹配度**。直播项目运营中的货与主播、货与粉丝要做到某种程度的标签融合、内涵融合和气质融合。创业者要借助科学的分析方法或行业经验充分权衡主播标签与产品或服务的匹配程度。直播间货与人的完美融合直接影响受众的感官和消费体验,是决定直播成功与否的重要因素。

4.1.3 直播运营关键要素——场

对于非头部主播来说,场的选择尤为重要。每个场都有特定的市场定位和人群定位,如动画、二次元等内容类直播,许多主播选择了哔哩哔哩;游戏类直播则以斗鱼、虎牙、战旗、全民直播、龙珠等为主;而电商类直播中,淘宝直播、快手直播、蘑菇街直播等都已成长为"人人皆可播"的新创业、就业渠道。

在直播运营过程中,不同的场对应不同的运营模式:电商类直播的终极目的是实现商品销售,直播间所有围绕场的布置和优化的逻辑出发点都是更好地提升商品的转化率,因此,这类直播,无论是场地布置还是互动氛围的打造,一定要渲染出热卖氛围。在内容社交平台上,受众观看直播的目的是获得某类具体的知识或是满足特定精神层面的需求,因此,直播间的场地和背景布置一定要轻松化、生活化、娱乐化,切忌给受众沉闷、压抑的感觉,在这类平台上,主播的 IP 标签和个人魅力往往起到关键性作用,主播要具备流畅的表达能力和优秀的控场能力,当然也可以根据观众需求适当变换直播场景,通过不断制造新鲜感吸引和留存粉丝或观众。

4.2 直播运营基本原理

无论是内容类直播还是电商类直播,其运营管理都是指选择适合的内容或商品,通过直播间的展示与推广获得更多的流量,吸引更多的粉丝,最终实现成交金额增长的经营目的。

一般情况下,电商类直播的成交金额可以通过以下公式计算:

成交金额主要指直播间的下单金额,即 GMV（gross merchandise volume）,成交金额包括已付款金额和未付款金额。

流量即用户数量,一般包括独立用户数量和总用户数量(含重复访问者)。例如,一个人进入直播间两次,便计总用户数量2次,独立用户数量1次。不同直播平台对流量的计算方式有所不同,有些平台的观看人数按照总用户数量计算,而有些平台则按独立用户数量计算。

转化率,即下单转化率,指实施购买行为(下单未支付和下单已支付)的用户数量占进入直播间用户数量的百分比。

客单价,即单位时间内每位成交客户在直播间购买商品的平均金额。当然,也会有其他额外收入,如直播打赏、IP变现等。

内容类直播中付费内容的成交金额计算公式与电商类直播相似,但免费内容的成交金额暂没有具体的计算公式。由于免费内容直播收益渠道呈现多样性和灵活性,如粉丝打赏、广告分成、平台佣金、IP变现、增值服务等,所以通常通过加总各渠道收益来计算:

4.3 直播运营设计

直播运营并非实施一场简单的交易活动,也不是随意开展线上才艺表演或游戏分享,如果没有完整、清晰、系统的运营设计,直播活动很可能达不到预期的营销目的,甚至无法顺利开展。因此，在开展直播活动之前，直播运营团队必须厘清直播的运营思路，设计合理的直播运营方案，并根据方案有目的、有针对性地开展直播活动。

4.3.1 直播总体设计

直播总体设计是直播运营的总方向、总原则、总精髓。直播总体设计很大程度上决定了直播项目能否顺利启动和正常运行，其内容一般包括直播目的、实施方案和预期效果。

（1）直播目的

直播目的是直播项目运营的出发点和落脚点。对于企业或商家而言，直播只是实现内容变现或商品变现的营销手段，因此不能简单机械地将直播运营理解为直播间的秀技、知识或游戏等内容展出或实物商品的交易活动，它需要综合考量主播的价值定位、商品或内容的核心卖点、目标客户、播—粉互动及清晰明确的营销目标，共同传达出直播运营的目的，如商品或内容信息如何描述和传递、如何激发消费者需求、如何增粉黏粉、如何提升主播个人或团队品牌知名度、实现商品或内容变现的具体方法等。

（2）实施方案

直播目的确定后，需要具体的实施方案予以支持。直播实施方案应简明扼要，直达主题，实操性强。通常来说，完整的直播实施方案由直播目的、直播介绍、团队分工、时间节点以及直播预算五个部分组成。各部分具体含义见表4-1，创业者可根据具体的直播项目逐一对照执行。

表4-1　　　　　　　　　　直播实施方案组成部分及其含义

组成部分	含义
直播目的	明确直播活动需要达到的目的，期望达到的交易额、粉丝数、品牌知名度等
直播介绍	直播项目整体思路描述，包括直播平台简介、直播主题呈现、直播形式及直播特点描述和直播时长等
团队分工	直播团队的人员分工，如内容策划组、视频拍摄制作组、道具管理组等，及其具体职责描述
时间节点	一般包括直播前筹备、宣传预热、直播启动、货品上架、直播结束等多个时间节点，每个节点都需要做好相应的工作
直播预算	清晰明确地呈现直播活动的整体预算以及各个环节的分项预算

（3）预期效果

直播运营设计中，目的设计仅是直播活动的整体性和抽象性描述，而预期效果则需要用具体的量化指标对目的加以详细说明，例如，吸粉5万人，交易额增长突破100万元等。

进行预期效果设计一定要遵循如下原则：一是具体化，即不论预期效果是一个还是多个，都必须运用具象化的表达方法；二是可衡量，可以从数量上或行动上进行分析；三是制定的预期效果一定要符合实际，在付诸努力的情况下可以实现；四是时间性，即一定要准确估计达到预期效果所需要的时间。

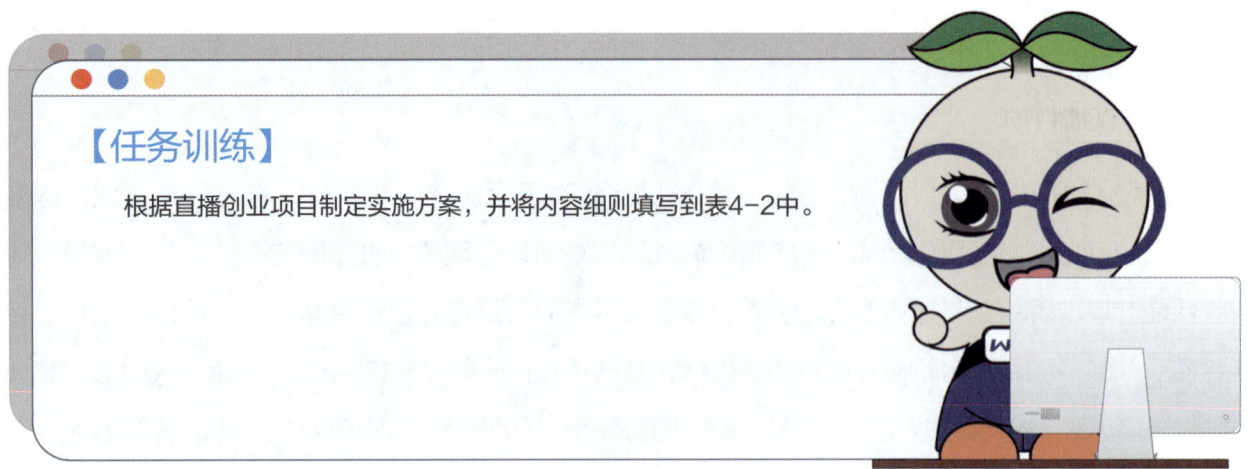

【任务训练】

根据直播创业项目制定实施方案，并将内容细则填写到表4-2中。

表 4-2　　　　　　　　　　直播创业项目实施方案设计表

内容组成	具体说明	预期效果
直播目的		
直播介绍		
团队分工		
时间节点		
直播预算		

4.3.2 直播内容设计

（1）直播时间选择

设计直播内容的第一步，就是确定直播时间。据相关数据统计，早上 6 点至凌晨 2 点都有观众观看直播。

对于电商类直播来说，下午曝光量的高点在 17 点至 18 点之间，晚间曝光量的高点在 20 点至 23 点之间，一场直播的黄金时间段是 20 点至 24 点。不过很多头部主播也会选择在黄金时间段开播，因此建议新手主播结合自身实际情况和活动性质合理避开高峰期，避免与头部主播对峙竞争。

在内容类直播活动中，中午曝光量的高点在 12 点至 14 点之间，此时进入直播间的粉丝以趁午休时间放松娱乐的上班族为主。因此，这个时间段是主播们展示才艺、运维粉丝的绝佳时段。凌晨曝光量的高点在 0 点至 2 点之间，凌晨观看直播节目的粉丝有更多精神层面的需求，他们有更强烈的意愿与主播交流，因此该时间段的内容输出重心要以培养粉丝忠诚度为主。

（2）直播主题设计

设计直播内容的第二步，就是确定直播主题。一个优秀的直播主题不仅可以吸引观众的目光，增加直播间的流量，还能切合平台的推荐算法逻辑，让直播活动获得更高的曝光率。相反，直播主题若重点不突出或内容逻辑混乱，则有可能导致优质内容被埋没，甚至导致运营前期所做的一切努力都付之东流。那么，如何为直播项目设计一个优秀的主题呢？

对于电商类直播来说，创业者可以利用七夕、双 11、双 12 等热点节日作为直播主题的内容方向。此外，创业者也可以结合自身企业文化或者店庆等活动确立主题，如开播纪念日、品牌宣传周等。在具体执行过程中，主题关键词要清晰简明地描述商品"爆点"，借此提高标题的识别度，以期更加容易被平台算法识别，更加精准快速地推荐给目标群体。同时还需要巧用疑问、巧设悬念、巧借热点以增强代入感等方法提升直播活动的热度，保证最终的效果转化。

对于内容类直播来说，创业者要紧跟时代发展趋势，选取当下受欢迎程度较高的社会热点、市场热点、热门知识或娱乐游戏等作为切入点。比如，游戏类直播，创业者可在某款游戏发展势头火热之时顺势抓住这一波红利，精心设计直播主题，力图在众多同类型的直播活动中脱颖而出。

（3）播—粉互动筹划

在直播活动中，主播可以在直播间尽情展示自己的颜值和才华，但若无法与粉丝建立良好的信任和互动，直播活动效果将大打折扣甚至造成直播无法进行。主播与粉丝互动时应做到张弛有度、随机应变。那么，具体方式有哪些？是才艺展示，还是发送福利？是抽奖引流，还是互动问答？聊天内容是热门影剧，还是生活八卦？创业者要认真分析不同的互动方式可能对受众产生的影响，针对不同群体、不同时段以及不同需求采用不同的互动方式，避免直播活动冷场、断播、停播甚至"翻车"。

（4）直播场景布置

创业者要根据不同的直播主题确定直播间的装修风格。例如，直播背景的风格是高端大气还是温馨浪漫，灯光设置是冷光还是暖光，场地需要多少面积等。此外，还需要考虑主播的着装打扮、工作台、道具等因素，以保证直播间的整体装修与直播主题贴合，保证直播间的灯光能够充分凸显主播魅力和商品个性，直播场地不会让观众有压抑感等。场景布置的目的是打造最好的直播效果。

（5）直播内容定位

优质的直播内容是吸引受众观看直播的关键因素，一般具备时代性、创意性和代入性等特征。进行直播内容定位的要点如下。

第一，充分挖掘受众痛点。主播要充分挖掘自身的能力与优势，要对竞争对手的直播内容加以细致深入的分析，开展差异化的内容定位，通过内容细分来挖掘受众的需求痛点。主播要善于分析受众的心理特征，从而打造符合其需求的直播内容。在深挖受众需求和深入了解其心理特征的基础上，主播要尝试通过多种方式与受众建立情感联结，激发受众产生共鸣，全方位打造超越其心理预期的直播内容。

第二，增强直播内容的专业性。热点话题是比较受广大群众关注的新闻或信息，直播运营团队可借助热点话题策划内容，并结合具体的直播场景烘托强化。

4.3.3 直播脚本设计

直播脚本，即直播项目在运营过程中所遵循的思维逻辑、内容策划、活动策划等依据的底本。直播脚本设计的目的是令整个项目按照一个预先设计好的方向规范、有序地进行。直播脚本主要分为两种类型，即整场直播脚本与单品直播脚本。整场直播脚本以整场直播活动为单位，从全局层面规范直播流程和确定直播内容。单品直播脚本以单个产品或服务为单位，一般是关于产品或服务的详细讲解。

（1）直播脚本的功能

- **帮助主播梳理直播流程**。直播运营过程中，主播如果缺乏系统缜密的脚本作为参照，在直播过程中无论是直播内容还是直播流程，都很容易受各项因素影响而出现混乱和偏离，甚至出现尬播、尬聊等情况。例如，电商类直播活动原计划用半小时讲解商品功能，过程中却被粉丝提问打断了预设思路，导致商品核心卖点没有得到充分的传达，最终无法实现销售预期。直播脚本可以帮助主播梳理直播流程，令主播清楚地知道某个时间节点说什么、做什么，以及相关的注意事项等，避免直播过程中出现混乱和慌乱。一份内容详尽、思路清晰的直播脚本能对主播的内容输出提供技术性的提示，帮助主播有条不紊地与粉丝互动，在各个直播环节游刃有余。

- **控制直播预算**。直播脚本可以助推项目收益最大化。每场直播活动都需要消耗一定的人力、物力和财力，预先设计好直播脚本可以帮助项目实行较为精确的成本核算，避免出现资源浪费。对于中低成本的直播创业者而言，项目的运营资金相对有限，在直播脚本中提前规划好可承担的红包、优惠券、赠品等金额，能够有效控制直播预算。

- **提高直播筹备工作的效率**。项目实施之前，直播创业者要预先做好设计规划，避免出现临阵磨枪、角色混乱等情况。直播脚本可以帮助主播及团队成员了解直播流程的全貌，明确每位成员的角色和职责，从而保证直播活动有条不紊地开展，保障项目的整体运营成效。很多直播团队还会在活动结束时召开项目总结会，主播可以借助直播脚本的设计脉络追溯整个直播流程，同时也方便后台管理人员做好数据分析和总结。

（2）整场直播脚本设计

整场直播脚本包括直播主题、直播目标、主播介绍、直播时间、直播内容、话术及建议、人员分工、镜头及画面等要素。表4-3是整场直播脚本设计要点，供创业者参照比对。

表4-3　　　　　　　　　　　　　整场直播脚本设计要点

要点	说明
直播主题	从观众需求出发，明确直播主题
直播目标	明确直播活动需要实现的目标，如商品销售额、粉丝转化率、新品宣传等
主播介绍	介绍主播、副主播的身份和相关信息
直播时间	明确直播开始时间、直播过程中的时间分配、直播结束时间等
直播内容	直播流程的细节呈现，如商品讲解、抽奖活动、福利派发等
话术及建议	详细说明开场预热、商品卖点解析、用户互动等具体内容和方式
人员分工	明确直播团队人员分工及职责，如主播助理协助主播处理弹幕互动等
镜头及画面	明确每个阶段镜头拍摄的目标对象及具体的呈现方式（图片或视频等）

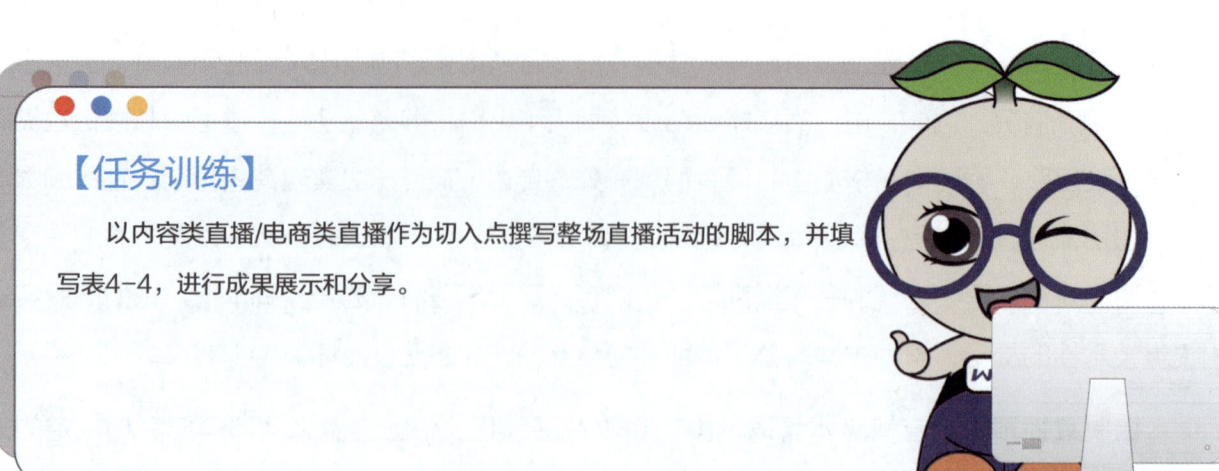

【任务训练】

以内容类直播/电商类直播作为切入点撰写整场直播活动的脚本,并填写表4-4,进行成果展示和分享。

表 4-4　　　　　　　　　　　　整场直播脚本设计

直播主题		直播目标		主播介绍	
直播时间	直播内容	话术及建议	人员分工	镜头及画面	

（3）单品直播脚本设计

单品直播脚本即针对单个产品或服务的脚本，建议以表格的形式呈现，在各列项中清晰地展现商品的卖点和利益点，以及品牌价值和品牌理念、粉丝引导转化、直播间注意事项等，以保证直播活动流程清晰顺畅。

单品直播脚本设计需要注意以下几点。

- **需求引导**。要善于挖掘用户痛点，通过引导性的销售话术引发用户联想商品使用场景，进而与主播产生心理共鸣。

- **商品简介**。围绕商品的原料、材质、工艺、属性等基本信息进行详细深入的介绍，清晰展现商品的核心卖点以及相比竞品的竞争优势，激发用户的购买欲望。

- **品牌文化介绍**。结合品牌历史、代言人和社会公信力，深入挖掘商品品牌亮点和品牌优势，全方位、多角度展现品牌文化核心价值。如商品无品牌标签，可围绕产地源头、历史典故、口碑宣传等方面进行综合介绍。

- **用户评价**。分享商品其他购买者和用户对于商品的整体评价，利用已有的用户评价为商品销售增加佐证。

- **促销优惠**。结合商品特点和利润情况，设置直播专享优惠活动，主要围绕单品和全店活动进行分享。

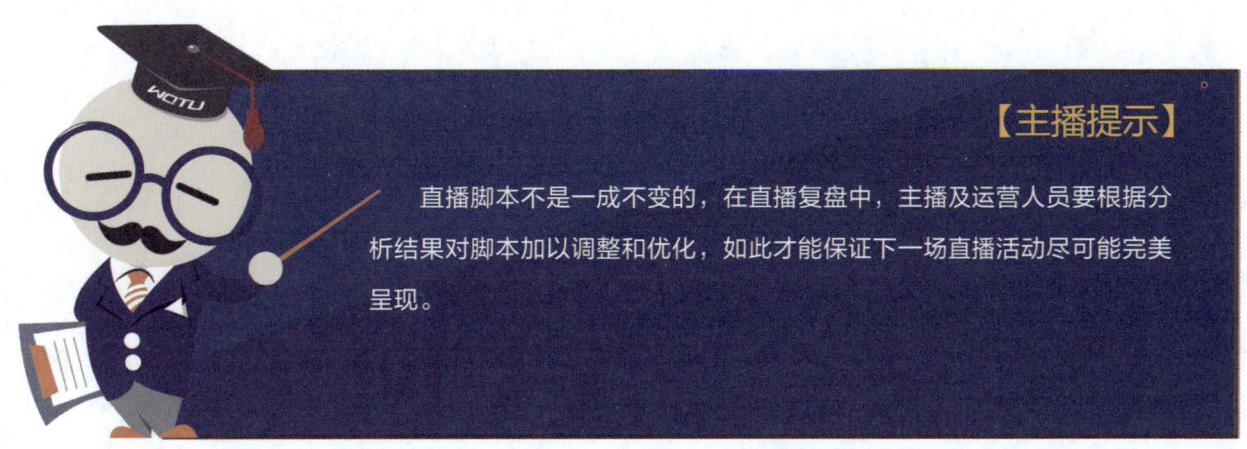

【主播提示】

直播脚本不是一成不变的，在直播复盘中，主播及运营人员要根据分析结果对脚本加以调整和优化，如此才能保证下一场直播活动尽可能完美呈现。

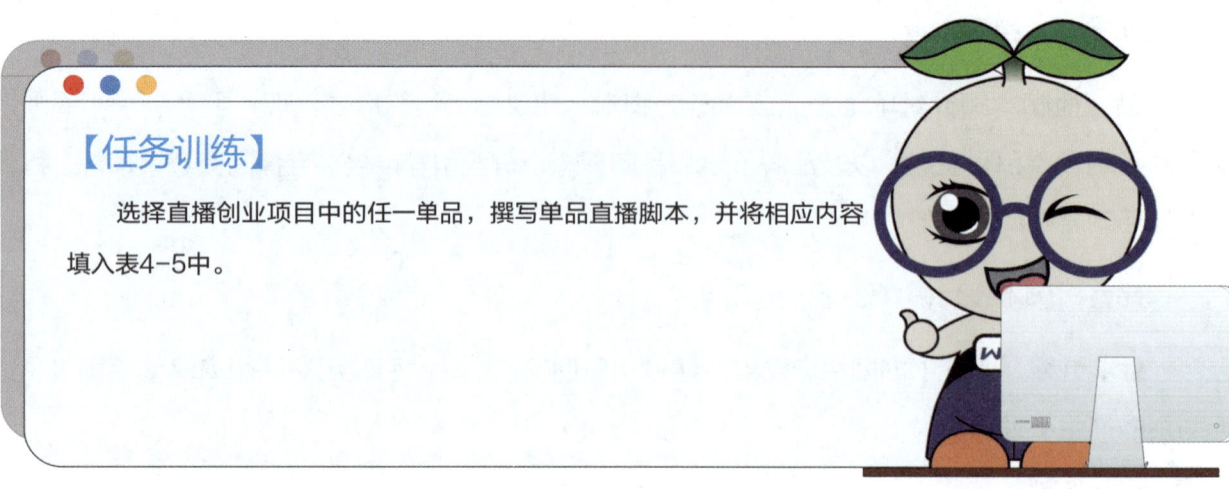

【任务训练】

选择直播创业项目中的任一单品,撰写单品直播脚本,并将相应内容填入表4-5中。

表 4-5　　　　　　　　　　单品直播脚本设计

直播主题	单品宣传点	具体说明
品牌/主题介绍		
商品卖点		
直播利益点		

续表

直播主题	单品宣传点	具体说明
直播间注意事项		

思考 & 练习

1. 直播运营的关键要素有哪些?
2. 直播运营的基本原理是什么?
3. 直播内容设计包含哪些要点?
4. 为什么要设计直播脚本?怎样才能做好整场直播脚本设计?

引言

直播实施是指进行一次完整的直播活动所包含的前、中、后操作过程，具体涵盖开播前的准备、直播中的实施、直播后的复盘等内容。直播实施是一个循环往复的过程，本章将全面介绍直播实施各环节的把控要点和相关注意事项。在开始学习前，创业者需要重点考虑以下几个问题：

直播活动开播前需要准备哪些设备和软件？

直播间场景布局需要考虑哪些因素？

直播过程中哪些互动方式最有成效？

直播结束后如何通过数据分析研判直播活动的效果？

本章内容从直播项目的实际操作层面入手，引导创业者一步步完善、优化直播项目的整体输出和最终呈现。在直播实施的各流程中，复盘具有举足轻重的地位和作用，创业者要善于从强化目标、发现规律、复制技巧、避免失误等方面探究科学严谨的复盘方法，从数据中发现直播过程中的优势和问题，力求在下一次直播活动中实现品质升级和全局优化。

5.1 开播前的准备

直播创业项目若想获得预期的效果，需要在开播前进行充分的准备，将活动所需要的物料准备充足，并完成各设备的测试，有条件时可在直播前进行一次预演。

5.1.1 开播前物料检查

这里所说的物料不仅包含直播设备、道具、商品或样品、奖品等实物物料，还包含直播素材、商品卖点提炼、主播及团队形象和精神状态的调整、突发事件预案等非实物物料，见表 5-1。

表 5-1　　　　　　　　　　　开播前物料检查清单示例

检查项目	具体事宜
直播设备检查	两部手机（一部用于直播，另一部用于监控）或电脑，直播支架，声卡（建议室内用有线声卡，室外用无线声卡），补光灯，挡光板等
软件检查	直播软件、硬件播放软件等
环境检查	网络环境（连接 Wifi，保证网络传输稳定，手机可开启飞行模式，避免电话干扰），场地环境（场地大小适宜，整洁有序，避免他人干扰）

续表

检查项目	具体事宜
素材检查	1. 直播封面图。直播封面图直接影响直播间的被打开率，封面图设置要遵循平台规则，不能为了吸引粉丝而加入违规元素 2. 直播标题。直播标题要宣传到位、简洁明了，给观众留下深刻的第一印象，同时应避免字数过多而导致重点不突出，甚至引起观众反感 3. 水印。水印如同线下销售的贴纸广告，通常位于画面的角落，只需添加关键信息呈现给观众即可
样品检查	电商类直播中，样品的作用和地位非常重要。为了增强说服力，主播需要现场展示并体验商品。为了确保商品展示效果，通常在开播前要对样品进行仔细检查，避免直播过程中出现商品型号不对等尴尬情况
辅助工具检查	为使直播活动更加生动亲民，除了展示需要销售的商品外，还需要准备一些辅助工具，如计算器（直接演示打折力度和折扣效果）、手机（演示如何领取奖品或代金券等）等

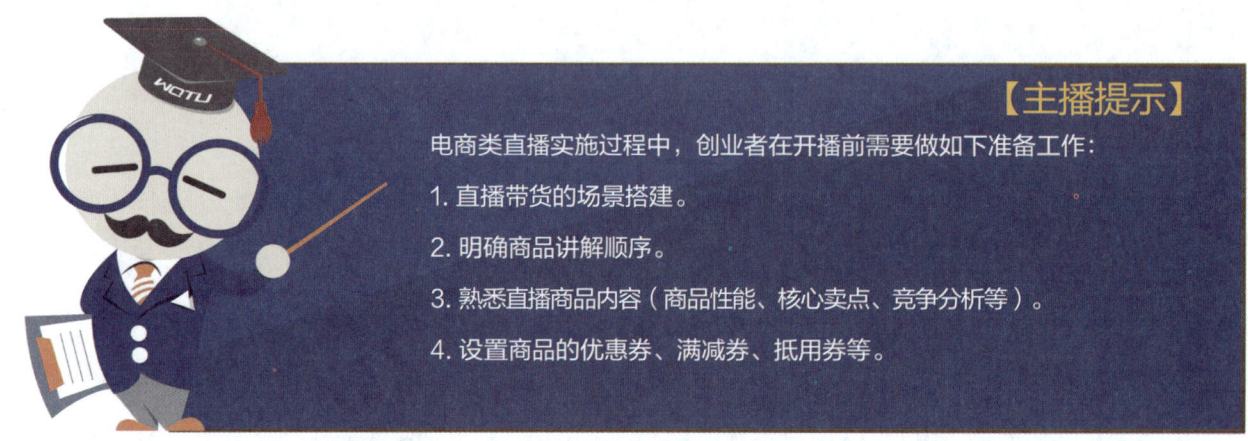

【主播提示】

电商类直播实施过程中，创业者在开播前需要做如下准备工作：
1. 直播带货的场景搭建。
2. 明确商品讲解顺序。
3. 熟悉直播商品内容（商品性能、核心卖点、竞争分析等）。
4. 设置商品的优惠券、满减券、抵用券等。

5.1.2 直播场景搭建

直播场景的搭建除了要对摄像设备（直播系统）和网络环境进行检查之外，还涉及场地背景和灯光布置的调整等。如果是比较大型的直播活动，建议创业者至少提前1~2周启动，在正式开播前完成两次以上的测试，并在过程中不断寻找问题，不断优化。

直播间背景布置能帮助主播打造更好的个人形象，贴合主播风格气质的背景能更好地衬托主播的形象魅力。主播是什么风格类型，背景设置就以什么风格作为主要参考因素。一般情况下，清新简约和时尚大气的背景风格适合绝大多数主播，比较容易令粉丝产生代入感进而沉浸在直播氛围中。背景颜色的设置不宜过多，多色系虽然艳丽吸睛，但是容易分散受众的注意力。如果直播背景是窗帘，应尽量选择纯色系和浅色系，深色系或者纹路系的窗帘容易给受众带来视觉上和心理上的压迫感，精简大气的风格会令人视野开阔，神清气爽。

直播间的灯光布置可以从亮度、数量、摆放位置等方面统筹考量。直播间最常用的灯光分为主光、辅助光、轮廓光、顶光和背景光，首先要设计好灯光的摆设和照射方向，然后通过不同角度和不同组合搭配设计出不同的光影效果。直播间常规灯光布置效果如图5-1所示。每种灯光都有其自身的优缺点，只有配合使用、相互弥补才能达到最佳效果。场景搭建过程中需要耐心测试和调整，最终设计出最优秀的灯光布置方案。

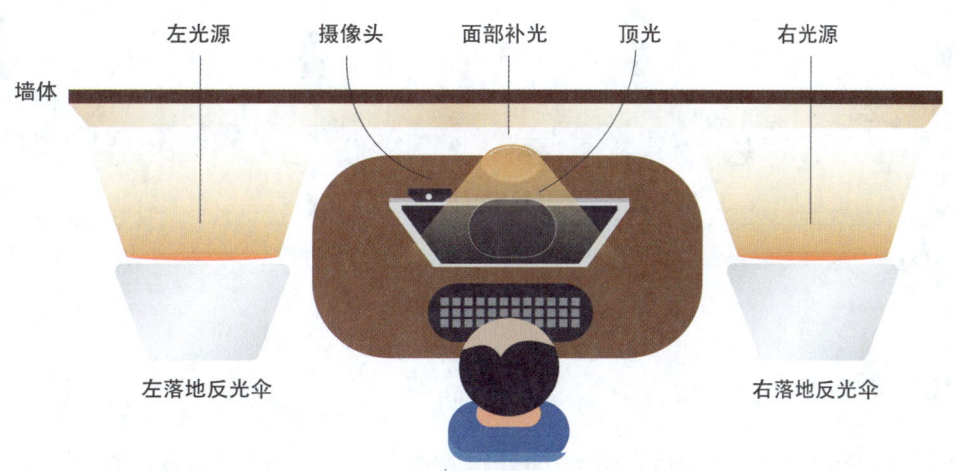

图 5-1 直播间常规灯光布置效果

（1）主光布置

主光源应放在主播的正面，如图 5-2a 所示，与镜头形成 0~15° 夹角，这种设置可以保障光线充足均匀，也可使主播的面部更柔和，起到磨皮美白效果。其缺点是光源从正面照射，没有阴影，使直播画面略显平板而没有层次感。

（2）辅助光布置

辅助光源可放在主播左右两侧，呈 90° 照射，如图 5-2b 所示。例如，左前方 45° 的辅助光可以使主播面部产生阴影，形成立体质感；而右后方的 45° 辅助光则可使主播后侧的轮廓被打亮，与前侧产生反差，更利于打造主播面部的立体感。需注意光的调节，防止光线太亮而出现过度曝光或部分光线太暗的情况。

（3）轮廓光布置

轮廓光源放在主播身后，以形成逆光效果，如图 5-2c 所示。背后射出的光线可以使主播轮廓分明，也可将主播从直播间的背景中分离，突出主体。轮廓光布置需注意调节光线亮度，防止光线过度而变成强光普照的效果，使用不当甚至会出现镜头耀光情况。

（4）顶光布置

顶光是从主播头顶照下来的光，可以产生浓重的投影效果，有利于塑造轮廓感，起到瘦脸作用,如图5-2d所示。但需注意顶光源位置不要超过两米。顶光的缺点是,易在眼睛和鼻子下方形成阴影。

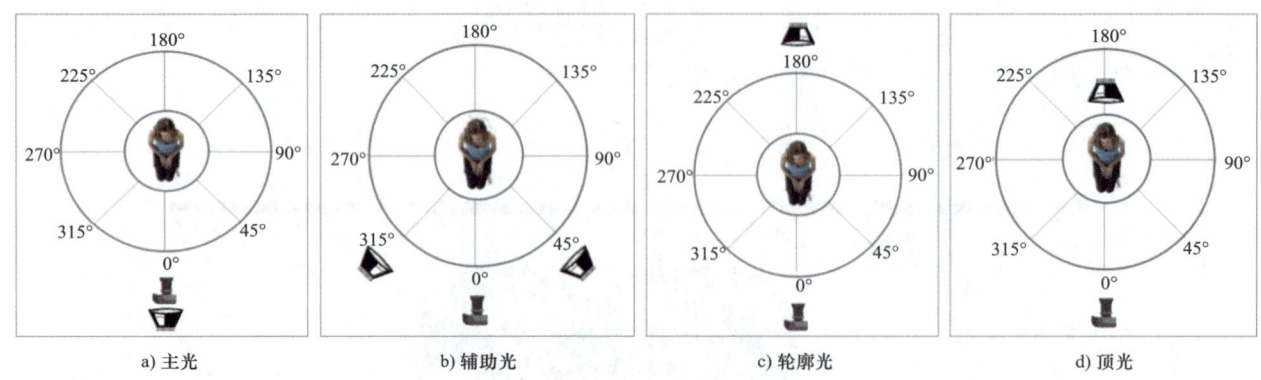

a) 主光　　　　b) 辅助光　　　　c) 轮廓光　　　　d) 顶光

图5-2　灯光布置

（5）背景光布置

完成前面所有布光后,直播间的背景会变得黯淡无光,这时就需要布置背景光,以达到均匀室内光线的效果,在保障主播美肤的同时保留直播间的完美背景。背景光布置需特别注意均匀灯光的效果,建议采取低光亮多光源的方法。

5.1.3 开播前相关测试

开播前测试主要围绕网速测试、设备测试、主播测试等工作展开,具体可参考表 5-2。

表 5-2　　　　　　　　　　　　　开播前测试确认表

测试项目	是否完成测试(测试完成后在对应框内画"√")
网速	网速 _____ Mbps
设备	□ 镜头设置　□ 灯光亮度　□ 话筒收音　□ 背景布置　□ 播放声音 □ 其他
主播操作	□ 声音测试　□ 设备操作　□ 声卡调节　□ 其他
开播效果	□ 对焦调节　□ 镜像调节(使用前置摄像头拍摄的画面是镜像的,如果有文字等信息要正确显示,可以点击镜像按钮调整)　□ 美颜设置 □ 其他

5.1.4 开播前活动预演

为保障直播活动顺利进行,在各项条件允许的情况下,最好在正式开播前安排一次预演。直播脚本是直播活动预演的底本,能够有效保证一场直播活动的顺畅性和可控性。

一般来讲,直播活动开播前 5 分钟粉丝数量较少,此时主播应积极发挥主动性,与粉丝开展互动交流,例如,聊一些时事热点、情感话题等以迅速拉近彼此之间的距离。待进入直播间的粉丝数量增加到一定程度后可采取签到、抽奖、互动问答等方式促使直播间氛围持续升温,从而有效减少部分粉丝在过程中退出直播间的情况。

此外,直播预演还涉及直播活动的宣传预热等环节。宣传预热的方式很多,主播及运营团队可充分发挥自身及外部资源优势,例如,通过微博、微信公众号、朋友圈以及性价比较高的付费模式等进行直播活动宣传。

5.2 直播中的实施

直播活动开播后,主播需要有意识地对整个项目流程进行严格把控,避免出现断播、停播、不稳定直播甚至"翻车"等现象。主播要善于应用平台自带的各类营销工具与受众构建良好稳定的信任关系。例如,通过巧用名称及个人简介进行引流,在直播时开启"同城定位",鼓励用户以发弹幕、留言、刷屏等方式提升直播间热度,令直播间产出"群聚效应",直播间的热度越高,平台中的展现位置就会越靠前。

【主播提示】

在直播活动过程中，主播首先要令粉丝清晰知晓本次直播活动的主题，通俗来讲就是围绕哪个具体的"点"进行互动。

5.2.1 直播活动流程

无论是电商类直播还是内容类直播，直播活动的具体流程大致趋同，一般都要经历直播开场、直播过程、直播收尾三个阶段，如图5-3所示。

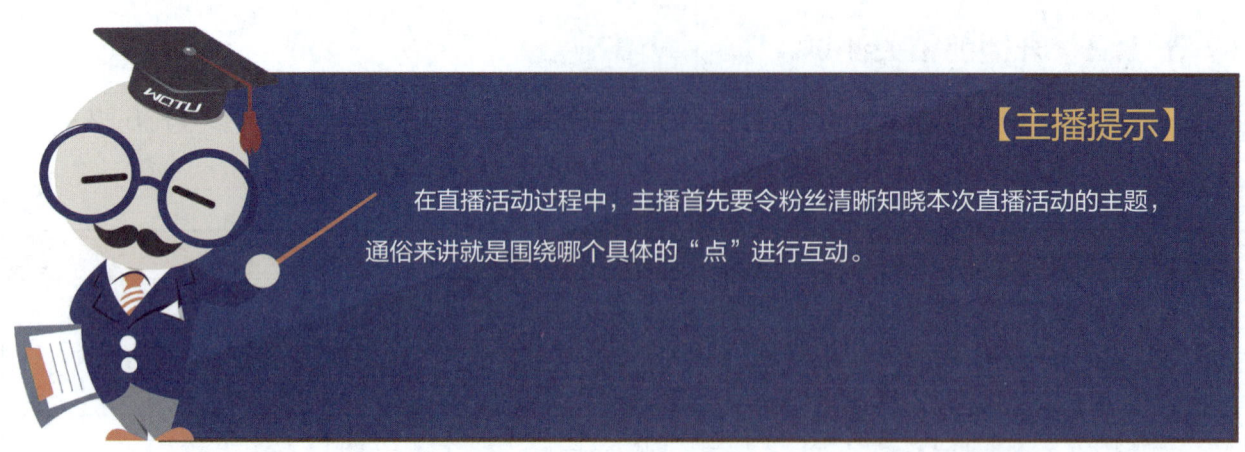

图 5-3　直播活动流程

（1）直播开场

直播开场主要指从单场直播开始到主播内容输出（电商类直播详细介绍商品）前的阶段，一般是直播开始后的前5~10分钟，在这个阶段进入直播间的观众数量较少，同时伴有较高的流失率。有些新手主播在开始时不知道说什么，也不知道做什么，这种状态会直接导致一些有价值的潜在用户流失。因此，这个阶段的主要工作是吸引观众并最大限度地控制流失率。主播可以采用别开生面的开场白赢得观众的兴趣和好感，同时围绕本场直播的主题、用户利益点等方面进行深入浅出、言简意赅的介绍，从而提高直播间的用户留存率。除此之外，开播前派发福利、抢红包、抢免单（电商类直播）等方式也能提升观众的体验感和用户留存率。

（2）直播过程

直播过程是指从开播初期到直播结束前的阶段。这个阶段观看直播的人数呈现出动态稳定状态，观众有进有出可能还会伴随一定数量的增长。在这个阶段，主播按照脚本输出内容（电商类主播详细介绍商品并通过各种营销方式促成用户下单，内容类主播则展示才艺或通过游戏竞技等形式与观众持续互动）。直播过程中，主播与团队其他成员之间要密切配合，并试图与观众建立深度信任与情感互融，积极处理公屏弹幕上的问答互动、私信互动，引导点赞、打赏等。

（3）直播收尾

直播收尾是指从主播完成本场直播的内容输出到直播关闭前的阶段，本阶段的实施要点是回顾本场直播活动并介绍下一场直播活动的主题方向、主要内容和播出时间等。

5.2.2 直播互动

网络直播活动之所以如此火爆，从表现形式看源于主播们贴合观众需求的高质量内容输出及其与观众之间的深度互动。丰富多样的互动形式为直播经济注入了强大的活力。直播期间，主播会花费大量的时间和精力持续输出高品质的内容，观众也会花费相应的金钱为心仪的主播送上礼物。直播互动贯穿直播活动始终。从总体上看，目前比较受欢迎的直播间互动形式有开播互动、提问互动、问答互动、抽奖互动、感谢互动等，如图5-4所示。

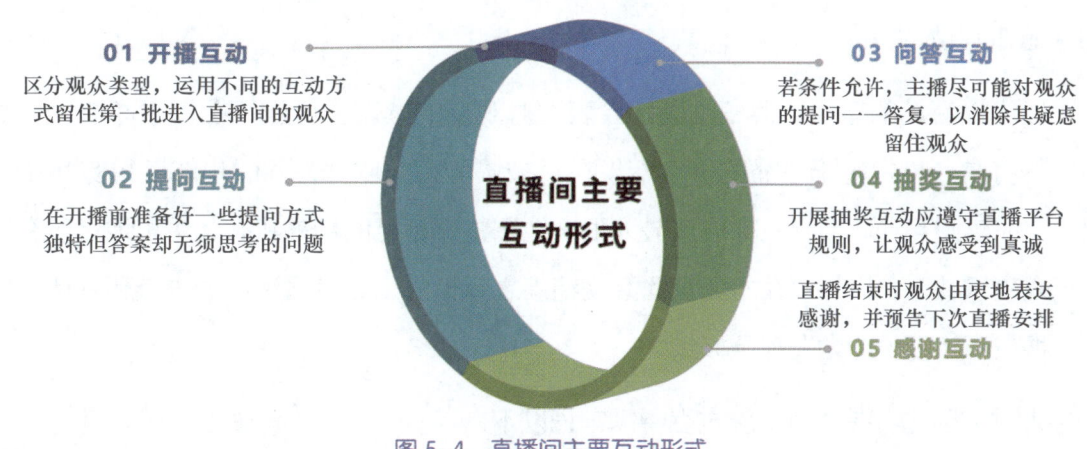

图 5-4　直播间主要互动形式

（1）开播互动

直播活动开始后，观众会陆续进入直播间，但其进来的缘由却不尽相同。有人纯粹是为了购买高性价比的商品，有人则是被新颖奇特的标题所吸引，也有人只是以游客身份进来观望一下。因此，主播在开播环节不仅要具备独具特色的开场白，而且要"慧眼"识别不同的观众类型，运用不同的互动方式留住第一批进入直播间的观众。例如，当有观众进入直播间后，主播可以采用不同的方式表示欢迎并尽可能说出其昵称，也可以通过弹幕互动或私信回复建立信任关系。

（2）提问互动

在直播活动中，主播通过提问的形式与直播间的观众进行互动，可以是关于商品功能的问答，也可以从时事热点、热门事件等话题切入，在吸引更多人关注的同时有效避免冷场等尴尬氛围。主播要根据观众特点采取不同的提问方式，否则可能适得其反。主播可以在开播前准备一些提问方式独特但答案无须思考的问题，潜移默化地增进与观众之间的情感联络。

（3）问答互动

直播过程中，当主播兴致高昂地展示才艺或讲解商品卖点时，一些好奇心比较强烈或喜欢搞怪的观众会在不经意间对主播抛出各种"疑难"问题。在条件允许的情况下，主播要尽可能一一答复，以此消除观众的疑虑，提升直播间的用户留存率，从而为下半场的商品售卖或持续互动打下坚实的基础。

（4）抽奖互动

抽奖是观众喜闻乐见的互动方式。但一般不建议在直播间直接告知观众抽奖活动，实际操作过程中可将其转化为赠送粉丝的福利，由此在不违反直播平台规则的情况下为主播带来更多的人气，让粉丝感受到直播运营团队的真诚。

（5）感谢互动

在一场直播活动的尾声，很多主播都会表达对观众的感谢，粉丝们在答谢环节也会对主播进行相应的打赏。打赏对于主播的价值不仅在于被认可和被欣赏，同时也能获得实实在在的收入。因此，在感谢互动环节，主播应该最大限度地调整好自己的精神状态，由衷地对所有进入直播间的观众表示感谢。另外，在本场直播活动结束之际预告下场直播活动的内容和开播时间，充分运用各种技巧将吸粉能力发挥至极致。

综合来讲，创业者在直播实施过程中需牢记以下六点：

一是，熟记平台规则，杜绝出现违法违规行为。

二是，直播团队分工明确并高效协作。

三是，直播过程严格依照脚本内容执行。

四是，及时关注并反馈观众提出的相关问题。

五是，主播有内容遗漏与错误时需及时提醒。

六是，做好应急预案，以防发生突发情况。

5.3 直播后的复盘

复盘是一种文化现象,也是思考和管理的工具,其作用在于通过对过程的回顾和梳理,探索和总结出过程中存在的问题和疏漏,并在"推倒重来"的过程中扬长避短、沉淀经验、不断改进。复盘属于方法论,没有一成不变的模式和规律,创业者可根据自身情况灵活运用。但有几点需要格外注意,即在直播创业的初始阶段创业者就要树立复盘意识,每一次直播活动结束后要立刻进行复盘,只有"趁热打铁"才能对整场直播活动做出精准透彻的分析。

直播后复盘的流程包括对照目标、数据分析、问题改进、复盘记录,如图5-5所示。

图5-5 直播后复盘流程

主播要率先在直播活动结束后复盘自己在过程中的所有表现，快速、及时、有针对性地查看回播记录，认真做好数据分析并推导出行之有效的结论。

当然，复盘不仅仅是主播的工作，团队其他成员也需要从各自的角度逐一分析直播活动中值得借鉴和需要改进的方面。每一项工作内容都可以根据具体的需求分解细化，例如，在前期的设备和网络检查中存在哪些问题，直播间场景搭建和灯光布置还需要进行哪些优化，直播素材有无准备到位等。

综合来看，直播项目的复盘逻辑涉及直播团队成员的优势互补和通力协作，看似简单，实际上却涉及很多复杂的项目管理知识。

5.3.1 对照目标

直播创业项目的目标设定并不是一件容易的事，特别是对于刚入行的新手而言，没有项目运营的实操经验，没有具体分析指标的参考项，也无法全方位了解自身及团队能力能达成怎样的目标。这种情况下最好的方式就是观察同行，基于对同行的数据分析规划自己的需求预期，进而比较精确地设定初始目标。

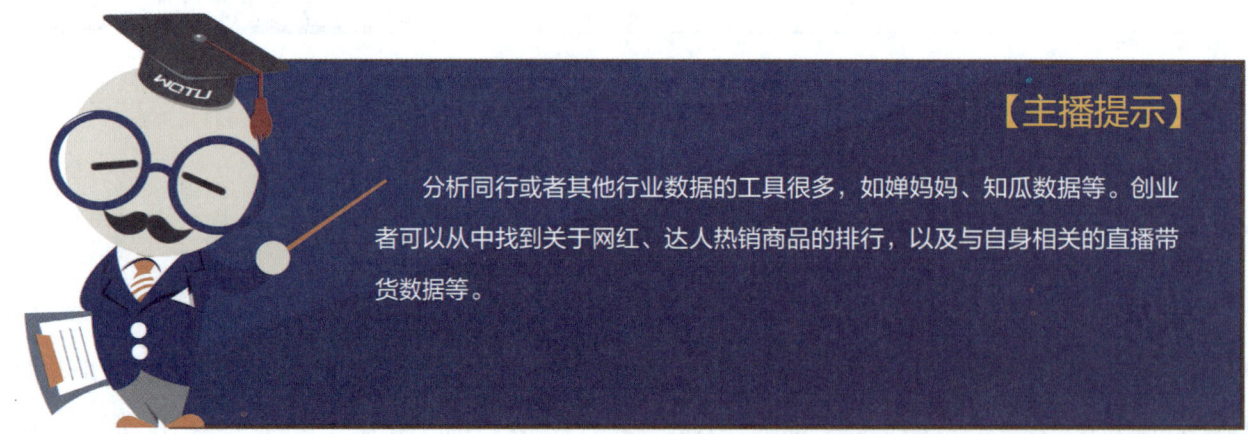

【主播提示】

分析同行或者其他行业数据的工具很多，如婵妈妈、知瓜数据等。创业者可以从中找到关于网红、达人热销商品的排行，以及与自身相关的直播带货数据等。

创业者通过分析同行的相关数据，可以大致了解每场直播活动的直播销售额、直播观众总数、直播间观众停留时长、新增粉丝数、直播间用户画像数据等，把这些可以量化的数据汇总在一起，加上对项目预期效果的研判，生成本场直播活动的预定目标。这些数据和预定目标都是直播活动结束后复盘的对照依据。那么，这些数据的具体含义是什么呢？

（1）直播销售额

对于电商类直播而言，销售额是最能体现主播带货能力以及直播活动成效的数据和考核指标，但销售额不是一个孤立、静止的数据，而是结合多个周期（每天、每周、每月）以及多场直播活动综合分析后得出的具体数据走向，从而更加真实、立体地反映主播的带货能力以及团队的执行能力。此外，还要动态对比直播间每个品类的销售额，打造最具核心竞争力的商品。

（2）直播观众总数

每场直播活动的总观看人数是衡量项目运营成效的重要指标。如果条件允许，还可以统计不同渠道引流过来的观众数量及其特点，并根据不同维度合理区分，初步描述不同观众画像，为后续营销方式的调整打下基础。

（3）直播间观众停留时长

留住观众比令其进入直播间更难。如果直播标题足够吸引人，主播气场也非常强大，开播初期流入数量比较可观的观众相对来讲较容易，但若缺乏持续的、高质量的内容输出或者直播互动环节缺乏吸引力，直播间的用户留存数据就会变差，也会影响系统公域流量的分发。

（4）新增粉丝数

一场直播活动下来，新增粉丝数在很大程度上反映了直播内容的受欢迎程度。新手创业者可以借助社交性较强的推广平台，提升直播间的人气，并通过高质量的内容输出和具有较强利益驱动的互动方式为直播间涨粉加码。

（5）直播间用户画像数据

用户画像数据是网络经济中用以精准营销的重要参考指标。不论是内容类直播还是电商类直播，精准的用户画像与直播活动的成败都存在很大关联。创业者如果一味地以自己的喜好输出内容，直播效果就会大打折扣甚至以失败告终。

直播间的用户画像包括年龄、性别、职业、兴趣、渠道来源等多个维度，分析掌握这些数据，不论是电商类直播的选品还是内容类直播的价值定位，都更易于找到满足用户需求的切入点。

5.3.2 数据分析

数据分析是复盘的重点和难点，直播活动中的多数结果都以数据的方式呈现，但也不排除某些不能以数据展现最终考核结果的指标，例如，团队复盘就很难通过数据测算的方式考量，只能人为评判哪些环节做得出彩，哪些环节还有提升和改进的空间。

对于刚启动直播项目的创业者来说，从单一的数据样本中还不足以看出数据的波动与趋势，也无法从中总结出平台的算法与规则。相对科学的方式是，在项目运营一段时间，各方面的数据都比较充分完备之后再进行综合分析。分析的切入点是项目运营的主要考核指标，以此为基础做出相应的优化。

直播数据分析的关键是综合考量当前走势与未来趋势。相关数据的上升或下降都与直播细节息息相关。例如，在直播时长较短和平台推荐较少的双重因素影响下，进入直播间的观众人数就会相应减少。经过一段时间的分析，细心的创业者会发现某些直播平台的流量推荐与直播时长存在深度关联，直播时长越长，直播间排名越靠前。因此，项目运营要累积大量的实践经验，找出更多的关联因素，进行全面分析总结，如此才能顺利进入问题改进阶段。

如今，很多直播平台都会在直播活动结束后出具相应的数据报告，如图5-6所示。在信息化时代，数据是一项非常重要的资产，直播团队要在项目运营过程中不断丰富和优化数据库，这是一项价值非凡的工作。

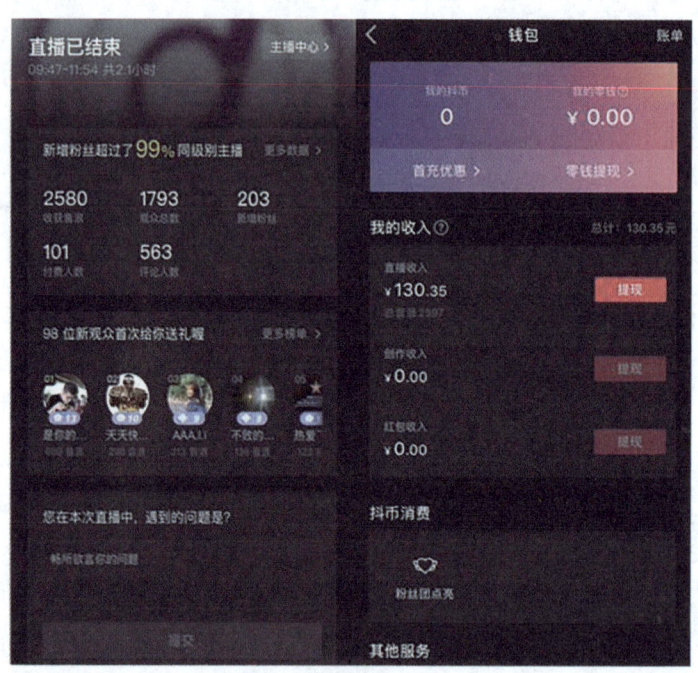

图5-6　直播数据报告示例

5.3.3　问题改进

有了完善的数据分析报告，项目运营过程中存在的问题就一目了然了。直播创业者要善于利用这份数据分析报告，将其视作后续问题改进的指南和依据。找出问题之后，还需要对问题进行科学合理的分类。

例如，按照参数的不同内容方向或者在项目中的权重，将问题归为流量问题、转化问题、留存问题等，见表5-3。先清晰地罗列问题框架，再依次填入经由数据分析得出的问题描述，最后有针对性地加以解决。

表 5-3 直播复盘问题改进表

问题分类	问题描述	解决方法
流量问题	直播间浏览量少，观看人数较少	设定好直播类目与标签，做好预热，引导分享
转化问题	直播间加购商品的观众较少	直播中加入口播，提示先加入购物车
留存问题	直播间观众平均停留时间不足1分钟	增加主播与观众的问答互动

解决问题后，如果未来发展趋势向好，那么数据分析和问题改进就达到了预期的效果。当然，凡事不可能一劳永逸，项目在未来的运营中还会出现很多意想不到的问题，甚至是发展瓶颈，数据分析和问题改进是不断反馈、循环往复的过程。

5.3.4 复盘记录

复盘记录是直播活动的总结记录。既然每一场直播活动都无法离开人、货、场三要素，那么复盘记录也可以直接围绕这三要素展开，把团队复盘数据、商品复盘数据、直播间复盘数据记录下来，然后将预期目标与达成目标进行对比，最后明确问题，找出解决方法，通过一张表格清晰完整地呈现复盘记录。

当然，如果要将复盘工作做得更加细致到位，还需要在上述数据之外收集观众与粉丝的反馈信息。反馈信息可以是直播平台上的评论、私信以及用户与在线客服的沟通信息，也可以是项目预热阶段在新闻媒体、社交平台上所收到的反馈信息。

反馈信息可以直接放到问题改进环节，将其作为一个单独的分类，并提出相应的解决方法。

综上所述，本章内容已经帮助创业者对开播前的准备、直播中的实施以及直播后的复盘做了系统的梳理，但直播项目实质上是一个内涵丰富、外延广阔的系统工程，经过实践后会发现，除上述内容外，还有直播推广、直播运营优化等许多工作待完成，后续章节中将逐步呈现。

【任务训练】

在前面的内容中，创业者已经在模拟直播平台演练了项目实施过程，接下来将进行一次复盘练习，请填写表5-4。

表 5-4　　　　　　　　　　　　　　问题改进表

问题分类	问题描述	解决方法
流量问题		
转化问题		
留存问题		

思考 & 练习

1. 一场完整的直播活动包含哪些关键流程？
2. 直播互动主要有哪些类型？如何挖掘最合适的互动方式？
3. 直播复盘的四个关键步骤及执行要点分别是什么？
4. 复盘记录时如何提出科学、有效的解决方法？

引言

在学习了前面的直播实施内容后，我们会发现流量是直播的重要因素之一，直播间不仅需要公域流量的扶持，也需要私域流量的积累。直播推广不仅包括直播前、直播中的引流，也包括直播后的粉丝黏度积累。在本章中，创业者可以了解直播推广的不同渠道，并学习主流的直播推广方式，特别是短视频，了解短视频从策划、拍摄、制作到发布优化的全流程。

学习本章内容后，创业者应运用所学知识，结合自身实际，为自己的直播活动制定一份完整、详细的推广规划，并分析不同目标群众所在推广渠道、适合的推广方式以及推广时效等。

6.1 直播推广渠道

直播推广渠道主要包括平台内推广渠道和平台外推广渠道两种。直播平台内推广渠道包括平台内公域推广渠道和平台内私域推广渠道。平台外推广渠道主要包括网络平台、线上线下媒体渠道和合作伙伴的引流等,本教材主要介绍平台外媒体推广渠道。

6.1.1 平台内公域推广渠道

公域流量指电商平台、视频网站或者各种主题商城等通过提供平台和内容资源吸引的用户总量。从理论上讲,公域流量的本质是一种任何人都可以触达的公共资源,但如果想让公域流量发挥商业价值,就必须通过一定的交易方式才能实现。例如,线下商场每天都有形形色色的顾客出入,但这些流量并不属于某一个体,商家若想售卖自己的商品,就必须向商场支付摊位租金。

在一个成熟的系统或平台上,公域流量的优势是体量较大且相对稳定,商家或商品曝光机会较多。私域流量池中的内容经过公域流量曝光后,能够为企业或商家带来较多的流量扶持,增加新的粉丝,也能在一定程度上加强对老粉丝的维护。公域流量的另一大优势是获得成本较低,平台入驻前期一般不需要支付大量费用。

（1）淘宝直播公域推广渠道

淘宝直播公域推广渠道主要包括首页"推荐"的竖版钻展图片位置、首页"推荐""猜你喜欢"信息流中正在直播的直播间，以及淘宝直播频道精选、关注、本地城市、主播讲解视频、品牌好货、产地直供、新奇发现等，如图6-1所示。

图6-1 淘宝直播公域推广渠道示例（1）

除此之外，淘宝直播公域推广渠道还包括大促时期的直播会场，通过排位赛活动获取的活动推广，搜索时的直播推广、首页"订阅"中的直播展现以及流量券资源等，如图6-2所示。

京东等电商类直播平台的公域推广渠道与淘宝直播类似。公域流量需要商家通过自身的优质直播内容被系统算法抓取而获得推荐，或者通过商业化的采购手段，获得付费推广。直播创业者在项目运营初期要善于运用各类免费的公域推广渠道，力求通过个性化的优质内容被系统算法识别和推荐，以获得更多的曝光机会。

（2）抖音/快手直播公域推广渠道

作为短视频直播内容平台，抖音和快手在直播公域推广渠道曝光中有很多相似之处，主要包括首页、推荐/发现、关注、同城、主播头像等位置，如图6-3所示。

第 6 章　直播推广

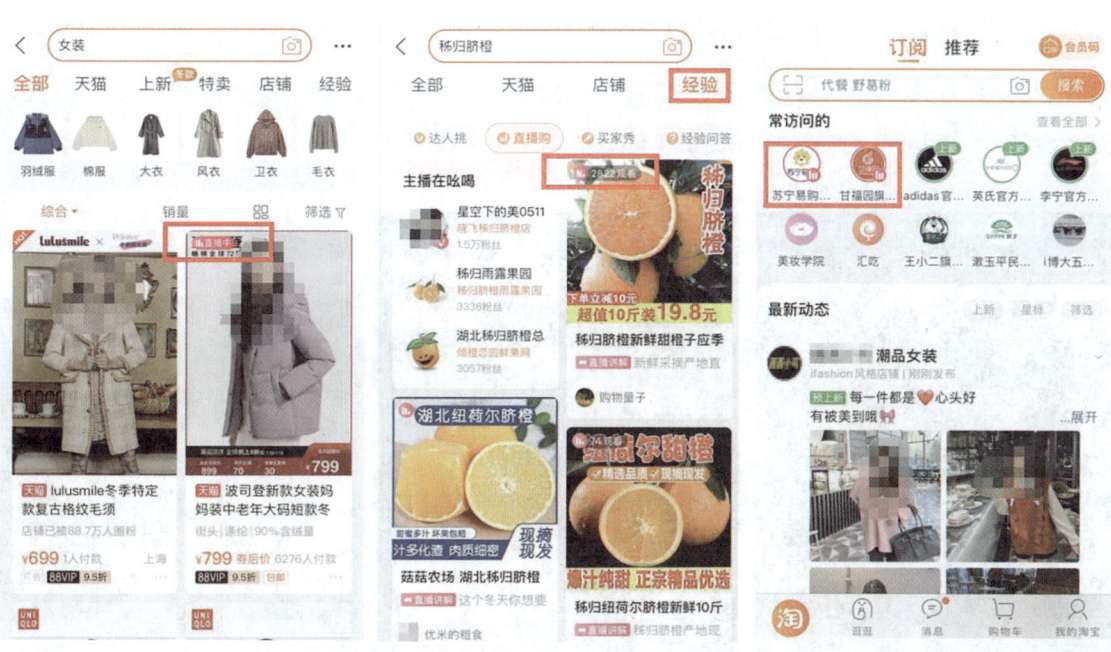

图 6-2　淘宝直播公域推广渠道示例（2）

图 6-3　抖音 / 快手直播公域推广渠道示例

抖音首页公域推广渠道包括推荐、关注、同城和直播广场等。对于正在直播中的主播，系统会根据算法推荐部分主播显示在右侧的主播头像显示区域中。另外，系统也会根据平台需求直接推荐部分主播，用户点击首页直播即可进入相应的直播间。

快手首页公域推广渠道主要体现在发现、关注、同城和左侧菜单栏中的直播广场。此外，右侧主播头像也是曝光率较高的展现方式。

在抖音/快手平台，除首页公域推广渠道外，用户也可以通过平台搜索页面文字推荐直接进入直播间，如图 6-4 所示，还可以通过自主搜索直接观看感兴趣的直播活动。在抖音公域推广渠道中，用户通过直播榜入口也可以进入直播间。

图 6-4　抖音/快手平台搜索公域推广渠道示例

（3）微信直播公域推广渠道

微信平台主要通过视频号开启直播，在直播中可进行其他平台的带货也可以直接售卖自己多个微信小商店的商品。微信直播的公域流量有"直播和附近"及"视频号"两种入口，如图 6-5 所示。

图 6-5　微信直播公域推广渠道示例

第一种，打开微信中"发现"频道的"直播和附近"，可看到直播间以列表形式展示，用户可滑动试看直播内容以决定是否进入，也可通过列表上方类目进行筛选。就"直播和附近"中的直播列表而言，系统会根据平台算法对直播间进行排序，也会受有多少朋友看过以及是否微信好友等因素影响，特别是附近地区直播更容易被展现。目前微信平台暂不支持直播搜索。

第二种，打开微信中"发现"频道"视频号"里的"推荐"或"朋友"点赞过，可以看到推荐的短视频作品。如果视频号主播正在直播，就会显示"直播中"，点击可跳转到其直播间。

推荐中针对已经设置直播预告的主播，用户可点击"预约"。预约后系统将实时提醒用户观看直播。

6.1.2 平台内私域推广渠道

私域流量是指从公域或其他平台、媒体渠道等引流到自己私域（官网、客户名单等），以及私域本身产生的流量（访客）。私域流量是企业或商家私有的经营数字化资产，它可以进行二次以上的触达和使用，是企业或商家开展精准营销的客户数据。

私域流量的本质在于提高流量的转化率，深耕用户的潜在消费能力和个性化需求。私域流量的所有权和控制权归属某个企业或某个人，并且可以在任意时段反复使用。构建成熟稳定的私域流量池，关键在于将市场分解成多个垂直领域、粉丝在个性化追求中的细分和裂变以及提升消费者对商品或品牌的认知度。

在直播经济中，私域流量主要是主播或商家自带的粉丝用户。私域流量既可以体现在平台内，也可以是沉淀在微信、QQ等社交软件中的粉丝用户。主播或商家通过平台内公域渠道推荐获取，或者从平台外群、微博、微信朋友圈、手机淘宝订阅、社交媒体和线上线下网络媒体等推荐引导，通过精细化运营构建自身的私域流量生态圈。

（1）淘宝直播私域推广渠道

在淘宝直播中，主播或商家的私域流量可以沉淀在主播主页、商家店铺订阅以及各种类型的主题群中，如图6-6所示。主播及其运营团队通过持续发布图文、短视频以及互动消息等内容吸引新粉丝和维护老粉丝。

（2）抖音/快手直播私域推广渠道

在抖音/快手直播平台，主播或商家主要通过引导观众点击主页的"关注"打造私域流量池，粉丝可以通过私信、粉丝群或视频等与主播交流互动，如图6-7所示。

图 6-6 淘宝直播私域推广渠道示例

图 6-7 抖音／快手直播私域推广渠道示例

很多主播或商家会在快手平台上留下自己的微信号，通过快手平台和微信流量的双向引流与互动，建立私域流量。另外，公众号、群聊、朋友圈等都是通过微信建立私域流量的优质工具。

（3）微信直播私域推广渠道

微信直播以私域流量为主。私域流量包括用户关注过的视频号，如图 6-8 所示，以及主播分享到微信群、主播分享到朋友圈、预约直播提醒、关注主播提醒等，如图 6-9 所示。

图 6-8　微信直播私域推广渠道示例（1）

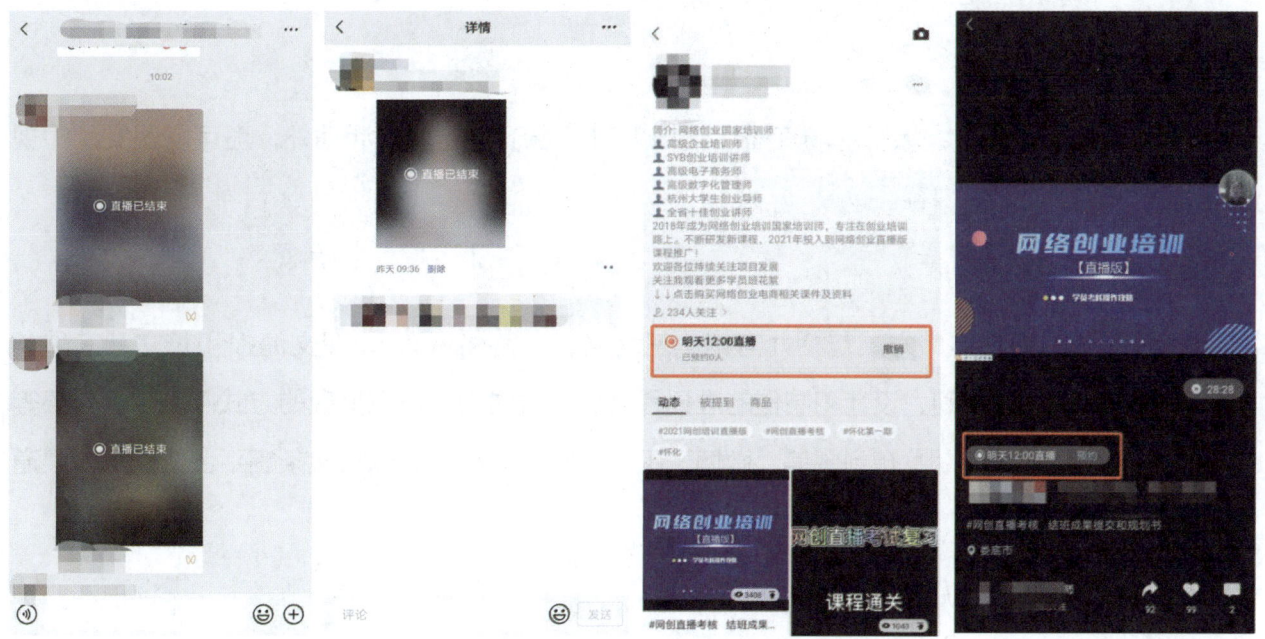

图 6-9　微信直播私域推广渠道示例（2）

另外，微信直播平台的主播或商家也可通过在抖音/快手平台留下视频号进行双向引流和互动，甚至还可以通过公众号与视频号绑定，这样直播中的链接将会在视频号首页中被置顶。微信直播更注重社交和私域，关注主播以及预约直播都会实时提醒，可快速跳转到直播间，而且还会提醒好友，裂变速度更快，好友也可直接将直播链接扩散到其朋友圈。

6.1.3 平台外媒体推广渠道

平台外引流本质上是通过自身平台以外的其他流量池获得低成本、高质量的用户，从而带动商品销售或品牌形象的提升。在网络经济中，当商品销售或者内容服务逐渐触及平台内流量"天花板"或者平台内流量成本过高时，创业者可以考虑选择平台外媒体推广渠道。

平台外媒体推广的形式丰富多样，除了发帖、问答、写博客这些常见的推广方式外，很多主播还会利用个人中心主页、留言板、搜索页面等发布广告信息。

在直播推广中，除公域和私域流量外，预告直播信息时还可以通过自媒体平台进行多渠道、立体化、持续性推广。创业者可选择微博、小红书、知乎、论坛等多种推广渠道搭建"营销阵营"。

此外，电视台、广播电台、报纸、杂志、公交站牌、高铁站、飞机场等也可用来进行直播推广。但这类推广方式成本较高，适合推广预算费用较高的头部主播或知名企业。

6.2 直播推广方式

在直播推广方式中，除了本场直播活动结束时预告下一场直播活动外，还可以图文、短视频等推广方式预告直播内容。

6.2.1 图文推广

目前主流的图文推广方式包括九宫格（三宫格、六宫格皆有）、图文海报和长文章三种类型，三者的区别在于策划、设计和制作的难易程度、耗费时间、信息呈现的方式以及传播效果等不同。图文推广内容可以发布到微信、微博、手淘订阅、小红书、今日头条等平台或自媒体渠道中。

（1）九宫格图文推广

九宫格图文推广方式在微博、微信朋友圈、微淘中比较常见，主要是以文案结合图片的方式呈现给特定的用户群体。有些达人主播也使用3张或6张图片的形式展现，视觉上比较大气简约。

相对于图文海报和长文章，九宫格图文内容制作比较简单，主播只需要简单地将文案及与之对应的图片结合在一起，即可发布。

通过图片和文字引导，粉丝们能够清晰直观地了解主播生活中的点点滴滴，不仅加深了情感联络，也激发了其对商品的购买兴趣。

（2）图文海报推广

图文海报是一种大众化的信息传递艺术和宣传工具，具体策划设计时要充分运用色彩、形象、构图、文案等因素打造强烈的视觉冲击和艺术感染力。相对于九宫格图文推广方式，图文海报推广对创作者在平面设计和文案策划等方面的要求要高得多，海报制作也需要耗费更多的时间和精力。

例如，某童装品牌经常将海报内容穿插在长文章中宣传推广，简洁明快、童趣横生的宣传背景配以卖点明晰的活动主题、活动时间以及画质感极强的图片，将商品精美的质地和超越消费者心理预期的优惠力度如实地展现在广告版面中，促使消费者对商品和品牌产生亲切感和信任感，如图6-10所示。

在图文海报中，还可以将商品的折扣信息、粉丝优惠福利等重点信息通过不同的字体和颜色标注区隔，从而令消费者对商品利益点留下深刻印象，如图6-11所示。

图6-10　图文海报推广示例（1）

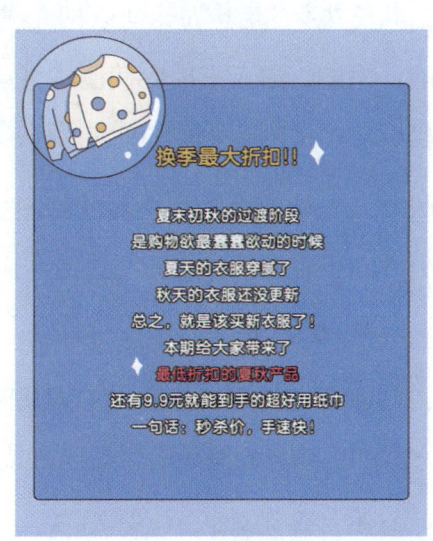
图6-11　图文海报推广示例（2）

另外，如果需要突出商品的质感，打造写实风格，在具体构图时可以将更多的版面留出来放置商品图片，只在下方标注商品名称、卖点和优惠价格，这种海报类型相比原图能传递更准确的信息，并通过强烈的视觉感染力激发消费者的购买欲，如图6-12所示。

图6-12　图文海报推广示例（3）

（3）长文章推广

相比九宫格图文和图文海报，撰写长文章通常需要创作者具备专业、系统的策划能力和文案功底。长文章的标题、导语和正文内容要契合目标群体的特点和喜好，如此才能激发他们阅读和讨论的热情，实现预先设定的营销效果。长文章需要耗费较长的时间构思主题和搭配图片，内容一般是创作者所在行业领域的相关知识，也可以是当下的热点话题，甚至可以写成一篇有阅读价值的软文。长文章的优点是，可以把大量的商品信息或品牌要素综合在一起，完整细致地呈现在用户面前。例如，达人主播会使用"直播预告＋长文章"的推广方式，介绍某一款商品的详细信息。但长文章对文字可读性要求很高，否则用户难以读完。

虽然长文章能够弥补九宫格图文和图文海报信息量有限的缺陷，但在实际操作层面，用户阅读习惯更倾向于轻内容，或者通过结合声音、文字、动画等的短视频、直播等形式获取信息，所以目前长文章的打开率和阅读率均有所下降，宣传效果不尽如人意。

因此，创业者在制定具体的推广方案时，要充分结合自身及团队的能力和优势，认真权衡每种推广方式的优缺点，策划组合最佳方式。

今日头条中，微头条的内容会被推荐到"关注"和其他频道中，流量十分可观，主播在聚集粉丝之后，可以通过微淘告知粉丝直播活动的相关信息，引导粉丝关注。

6.2.2 短视频推广

（1）短视频优势

近几年，短视频营销越来越火爆，不仅使用户生活发生了巨大变化，也为各行各业开辟了新的营销方式。2019—2020年是短视频的爆发期，各大互联网巨头纷纷布局短视频，就连电商平台中也有了短视频板块。短视频的商业价值持续放大，短视频营销方式较其他营销方式的优势主要体现在以下5个方面。

- **时间碎片化**。短视频长度以15~60秒为主，用户可随时随地利用等车、排队、午休等时间观看短视频内容。

- **满足用户心理需求**。用户观看短视频不仅仅为打发时间，更为满足隐藏的心理需求，例如，工作压力大，谈心朋友少，想学美食烹饪技巧等。在短视频平台中，他们可以看到有趣或有用的内容，从而满足好奇心、幻想、共鸣等心理需求。

- **互动性强**。短视频营销具有较强的互动性，用户可在留言区反馈，也可与其他用户互动交流。

- **门槛低，传播快**。短视频制作门槛低，传播效率高。而且，各短视频平台使三四线城市和农村用户群体也得到了展现机会，较图文形式更易实现高效传播。

- **制作成本低**。大部分短视频采用手机即可完成拍摄与剪辑，制作短视频的成本与运营成本较广告营销成本低。

从某种程度说，短视频是超级浓缩的直播，而直播是被不同程度拉长的短视频，将直播与短视频结合起来，既加强了主播与粉丝的交流，也增加了用户对平台的黏性。短视频+直播既是一种推广方式，也是一种商务模式。短视频营销具有单纯的图文影音所不具备的优势，而且完美传承了视频营销的基本条件，同时其低成本打造的高效传播能力又适应了快节奏时代的特色需求，可谓是近年来网络营销中的一支新秀。短视频推广赋能于直播项目，有着广阔的发展前景。

（2）短视频分类

各短视频平台在视频推荐上更倾向于精准营销，推荐给每位用户的短视频都有所不同，更加个性化。为满足用户个性化需求，短视频类型繁多，以下介绍5种热门类型。

- **剧情类**。通过演员的演绎呈现一个故事，通过剧情引发笑点或共鸣，有些甚至触达观众的痛点。也有的通过几分钟微电影的方式进行剧情反转等，引发观众思考。

- **搞笑类**。通过搞笑剧情或剪辑等方式,给用户带来快乐,有些甚至通过搞笑来引发观众对当下某些社会问题的思考。
- **才艺技能类**。通过短视频向用户展示创作者的才艺或技能,如唱歌、跳舞、弹钢琴、弹吉他、化妆等。
- **美食类**。通过教程、测评、展示等方式宣传美食。
- **萌宝/萌宠类**。展示可爱宝宝或宠物生活中的趣事、趣闻。

（3）短视频策划

创作者在确定个人账户定位前,需利用各大网站第三方数据平台分析用户,从而明确目标用户画像,包括性别、年龄、地域、婚姻状况、使用频率、常用短视频平台、活跃时间等,而且还要了解用户的需求点,如什么情况下点赞、点关注、评论等。然后明确短视频主题、风格以及形式。

在直播项目中,短视频推广主要是用短视频的形式介绍直播活动的时间、主题、商品、活动福利等内容。短视频广告可以在抖音、快手、视频号、微博、微信朋友圈、手机淘宝"订阅"等渠道发布。

在拍摄短视频前,创作者可以通过撰写脚本明确拍摄内容以及分段式、分镜头拍摄,也为后期剪辑提供思路和方向。脚本的内容一般包括镜头序号、拍摄方法、素材长度、画面内容、运镜方式、拍摄景别等,甚至有些脚本会提供解说、音乐等后期制作方面的指导。表6-1所示是某品牌方便面广告分镜头脚本,创作者在制作短视频时可参考其内容要点和拍摄顺序。

表 6-1　　　　　　　　　　　分镜头脚本示例

某品牌方便面广告分镜头脚本					
镜头	拍摄方法	时间	画面	解说	音乐	备注
1	采用全景,背景为楼梯,机器不动	4秒	两个女孩A、B忙碌了一天,拖着疲惫的身体爬楼梯	背景是傍晚昏暗的楼道,凸显主人公的疲惫	《有模有样》插曲	女孩侧面镜头,被摄主体距镜头5米
2	采用中景,背景为昏暗的楼道,机器随着两个女孩的变化而变化	5秒	两个女孩A、B刚走到楼梯口就闻到了一股泡面的香味,飞快地跑回宿舍	昏暗的楼道,与两人飞快的动作交相呼应,突出两人的疲惫	《有模有样》插曲	两人刚到楼道口正面镜头,跑步侧面镜头,一直到背面镜头
3	近景,宿舍,机器不动,俯拍	1秒	另一个女孩C在宿舍正准备试吃泡面	与楼道外飞奔的两人形成鲜明的对比	《有模有样》插曲	俯拍,被摄主体距镜头2米

续表

某品牌方便面广告分镜头脚本							
镜头	拍摄方法	时间	画面	解说	音乐	备注
4	近景，宿舍门口，平拍，定机拍摄	2秒	两个女孩A、B在门口你推我搡地不让彼此进门	突出两人饥饿，与窗外的天空相互配合	《有模有样》插曲	平拍，被摄主体距镜头3米
5	近景，宿舍，机器不动	2秒	女孩C很开心地夹起泡面，正准备吃	与门外的两个女孩形成对比	《有模有样》插曲	被摄主体距镜头2米

【任务训练】

参考示例，编制一份短视频分镜头脚本，完成表6-2，视频时长不低于15秒。

表6-2　　　　　　　　　　短视频分镜头脚本

镜头	拍摄方法	时间	画面	解说	音乐	备注
1						
2						
3						
4						
5						

（4）短视频拍摄

制作短视频前，不仅需要选择合适的拍摄器材，还需要根据脚本、内容选择合适的运镜方式和景别，以便更好地表达情绪。常见拍摄器材以手机为主，若需拍摄更加细腻的视频，就需要使用相机或摄像机，为确保画面稳定，一般利用三脚架或微云台稳定器，如图6-13所示。

a）相机　　　　　　　b）摄像机

c）三脚架　　　　　　d）微云台稳定器

图6-13　短视频拍摄设备

短视频拍摄过程需依据拍摄内容和剧情确定运镜方式和景别。运镜方式分为运动镜头和固定镜头。其中，运动镜头主要指推、拉、摇、移、跟、升、降、甩。拍摄静态画面时，可以利用运动镜头创造视觉冲击，以推动故事发展。拍摄短视频除考虑运镜方式外，还要考虑构图以及景别，景别主要包括全景、远景、中景、近景及特写。

【任务训练】

根据脚本拍摄短视频并整理相应素材，注意素材整理与脚本定位应对应。

（5）短视频制作

完成一个短视频作品不仅需要设定内容脚本，拍摄分段素材，更需要后期制作。后期利用剪辑软件可以为拍摄素材加上字幕和音乐、音效等，从而产出视听效果更丰富的短视频作品。

创作者可以根据不同的需求在相应平台上选择剪辑软件，手机端剪辑软件有淘宝主播、亲拍、剪映、快影等 App，操作简单。电脑端剪辑软件有 PR（Adobe Premiere Pro）、会声会影等专业剪辑软件，要使用此类软件需要花费一定的时间学习操作技巧。

短视频剪辑完成后，可将其发布到各类包含短视频的推广渠道中，进行矩阵式内容分发，触达不同平台不同渠道的用户。

（6）短视频发布与优化

短视频制作完成后，就需要选择平台发布。各短视频平台根据短视频作品发布时的话题、标题以及位置、账户标签等信息进行精准推送，再根据系统推送机制决定公域流量的发放。若想得到更多公域流量推荐需提升短视频的账户分值和视频分值。

账户分值可以通过认证和完善创作者资料来提升。短视频创作者需优化自己的账号名、头像、简介等信息，以便精准定位，明确人设。

视频分值主要根据短视频的完播率、点赞数、关注数、评论数以及分享数等数值来判断作品的受欢迎程度，从而决定公域流量的推荐力度。

短视频发布后,创作者需依据数据对短视频内容进行优化与调整。以抖音和快手平台为例,创作者需要重点关注平台提供的发布日期、播放量、点赞数、评论数和分享数等关键数据。

第三方数据平台可监测的数据更多,如基础分析、直播分析、视频分析、电商分析和粉丝分析等,视频分析中可以分析视频数、带货视频数,以及视频时长分布、视频发布时间统计、点赞数据、评论数据和转发数据等,如图6-14所示。

统计数据的主要目的是根据数据的变化,分析短视频在内容推广过程中出现的问题,例如,点赞数据不高可能因为视频内容质量不佳、主播与和粉丝互动性不强、主题不够有吸引力等;评论数据低可能因为缺少可引发用户讨论的话题,或者粉丝对话题内容不感兴趣等。

针对短视频现有问题,应逐一分析原因并提出行之有效的解决方案,从而在后续运营中不断优化,提升推广效果。

6.2.3 社群营销

社群营销是在网络社区营销及社会化媒体运营基础上发展起来的与用户连接更紧密、互动方式更多维的新型网络营销方式。从某种程度上讲,社群营销是对传统营销模式的创新和发展,是自媒体时代的产物。社群营销集精准营销、情感营销、内容营销、整合营销及圈层营销等多种营销模式于一体,人性化的互动方式不仅调动了用户的积极性,也充分激活了用户的创造力,因此,在社群营销过程中每一个个体都可能成为继续传播者。

第6章 直播推广

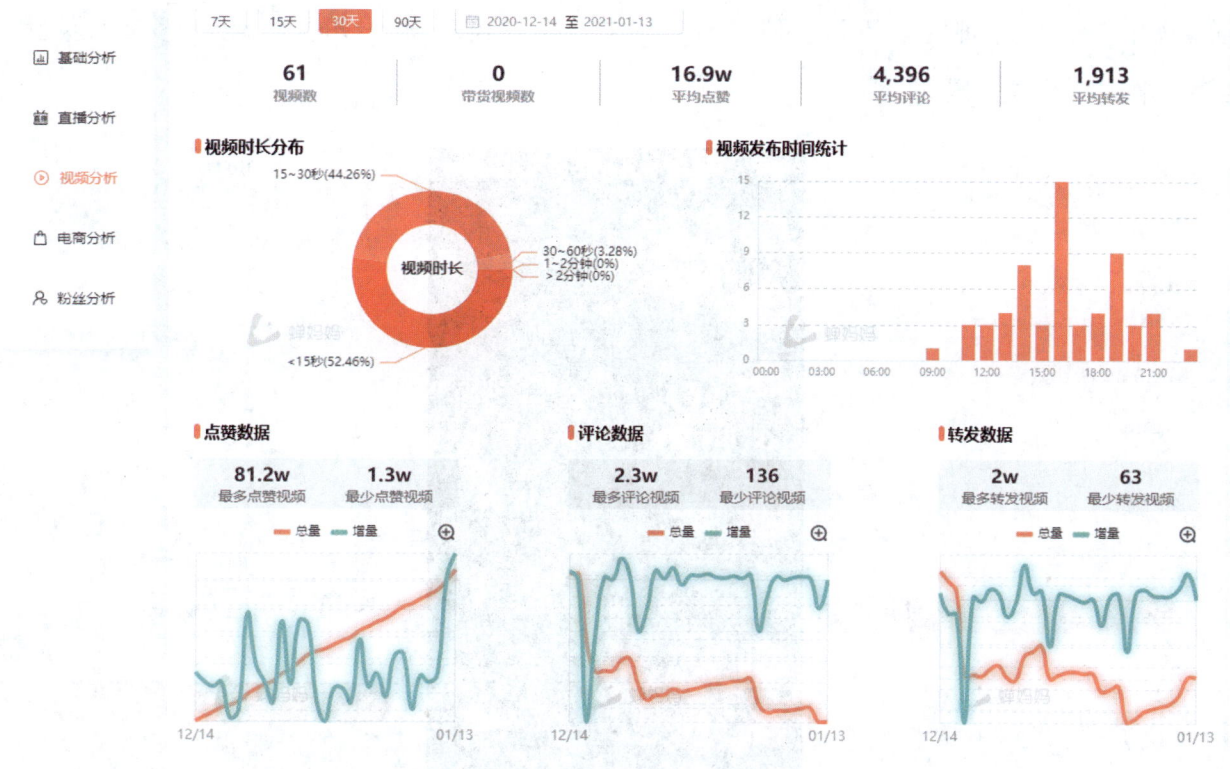

图6-14 第三方数据平台监测数据示例

在社群营销过程中，主导者可充分利用当前各类媒体渠道，整合各类平台、用户、商品、数据等，形成资源内容传播共振。例如，网站、微博、贴吧、客户端、QQ、微信、微信公众号、微信群等，都可以与相关视频网站达成协作或根据不同用户需求出售周边衍生类商品，从而打造内容与商品融为一体的全方位网络经济生态。

在直播项目运营过程中，社群营销以创建内部粉丝群聊为主。目前淘宝直播、抖音直播或快手直播等平台中都可以创建自己的粉丝群，主播可通过直播过程中的引导以及在主播个人主页展示等方式，聚集粉丝进入群聊，如图6-15所示。

（1）对象

各平台的粉丝对象和主播的粉丝画像相近，主要关注粉丝性别、年龄、地域和兴趣话题等。根据粉丝特点，定期或不定期输出与行业、商品、服务相关联的话题内容，在与粉丝的互动过程中不断加强情感联络，建立信任关系。

（2）方法

各平台创建群聊的方式有所不同，创建时要注意分门别类。例如，新人群的大部分粉丝为新关注用户，老粉丝群则重点关注主播的老客户，在运营方式上应有所区分。另外，还可以根据

119

项目需求，创建不同职能、不同类别的群聊，例如，创建买家秀群，群主可定期向买家征集优质买家秀图片并派发奖励。

图 6-15　淘宝直播、抖音直播、快手直播平台创建群聊界面

（3）实施

在社群营销过程中，群主可定期或不定期策划热门话题以激活社群氛围，并找到合适的切入点传递商品或品牌价值，以培养粉丝的信任度和忠诚度，在此基础上全面分析传播转化和成交转化。同时对社群内的资源加以充分整合，发挥意见领袖的作用，组织开展社群的深度开发，构建社群矩阵，如长期与短期、消费与创业相结合等。

建群后激活用户的关键步骤一般有两个，一是欢迎仪式，二是制定群规。进群欢迎仪式非常重要，它能强化用户进入该群的存在感和荣誉感，群主可用自我介绍、发红包、发优惠券、赠送精美小礼物等方式欢迎新成员的到来。用户进群后，群主要告知其需要遵守的群规，以方便社群后期的经营和管理。

（4）评价

创建粉丝群的主要目的是把平台公域中的粉丝聚集到一起，方便及时发布短视频或通知消息，节省触达粉丝的时间成本和信息成本。另外，通过各类群组的不断维系，也能增加主播和粉丝之间的黏性。

6.2.4 平台营销

通俗地讲，平台营销就是运用平台内、外部相关资源进行商品的销售推广。直播项目的平台营销主要指借助各种免费和付费的活动设置，吸引用户和粉丝关注直播间内容。

（1）免费营销

常见的免费营销活动包括满减、满送、折上折等。

满减主要是指主播在直播后台设定购买金额限制，当购物金额达到设定的金额时可减去相应的优惠，如满58元减5元。

满送是指主播选择赠送一些关联商品，或者提前选购一些粉丝可能喜欢的礼物在活动中送给粉丝。

折上折一般指给予粉丝两次打折机会，如100元的商品打9折卖90元，在此基础上再给予粉丝一次打折机会。

直播间免费营销方式包括直播PK（player killing，对战、对决）、连麦、直播间标签、新粉与铁粉不同优惠等，如新粉关注满99元减5元，分享满299元减15元。

直播PK主要是主播对另一个直播间的主播发起的娱乐性挑战，一旦对方接受挑战，两个直播间的主播开始进行连麦互动，直播界面一分为二，同时显示两个主播的画面，两方粉丝进入到同一个直播间中。当两方主播成功进入PK模式后，两方粉丝通过点赞、刷礼物等方式，分别为自己的主播助阵。根据直播界面上的蓝色条与对方红色条的贡献度来决定胜负，输了的一方要接受惩罚游戏，可以是才艺表演，也可以是真心话大冒险等，不仅增强了主播与粉丝之间的互动，也增强了直播平台的变现能力。

（2）付费营销

付费营销方式主要包括平台内付费推广、第三方付费引流和其他主播导流等。

不同平台内付费营销方式有所区别，如淘宝直播主要依靠超级推荐和超级直播，抖音直播主要依靠"DOU+直播上热门"，快手直播则依靠"直播推广"来提升直播间的人气，如图6-16所示。

图 6-16 不同平台内的付费营销方式示例

6.3 直播推广规划

直播推广是一项系统的运营工程，内容贯穿整场直播活动，包含直播前准备、直播中商品讲解与推广、直播后复盘及下期预告等。而在推广实施前，创业者需要根据直播目标群体特征分析，选择合适的推广渠道和推广方式，以达到精准营销的目的。直播推广规划需要重点考虑如下因素：

本场直播的目标群体是谁？其主要特征是什么？

如何选择推广渠道和推广方式？

广告投放时间是多少？

观众喜欢看什么形式的推广内容？

推广是否需要投入资金？预期目标如何制定？效果如何预测？

通过什么方式增强粉丝黏性和忠诚度？

直播推广规划可通过目标分析和推广分析两个步骤完成。

6.3.1 目标分析

首先需确定直播的目标群体，可利用推广平台自带数据精准分析用户画像，也可通过第三方数据平台确定目标群体的活跃平台、活跃时间段以及高点击率的直播内容和具体表现形式等。

6.3.2 推广分析

根据目标群体的喜好开展投放平台的分析研究。例如，根据平台的推荐体系以及流量分布，确定最佳的投放时间，令推广达到更好的效果。在实际操作过程中，甚至需要分析创业者自身社交推广渠道的优劣势，例如，虽然目标群体目前都喜欢观看短视频，但创业者的短视频账号并没有一定的粉丝基础，此时就需要考虑以质取胜，通过优质内容策划达到最优的推广效果。另外，创业者若之前做过微商，也可以利用已有的社群进行直播预告。

通过直播推广规划，创业者可以清晰地了解每月、每周乃至每日的目标计划，有节奏地量化执行推广工作，并根据预期目标与推广后的数据对比分析，不断优化调整，以提升推广效果。

实训演示

直播创业者小孙计划于4月30日晚20点开展一场主题为"30+微胖女性穿出自信"的直播活动。小孙在4月初就开始设计推广规划，并针对不同的推广时间制定了具体的执行方案，见表6-3。

表6-3　　　　　　　　直播活动推广方案示例

序号	目标群体	推广时间	推广渠道	推广形式	推广内容	预估投入	预估效果
1	80后微胖女性	4月15日	抖音/快手	短视频	剧情	DOU+200元	观看量1 000
2		4月25日	微博	图文	直播时间/主题/主打内容	1 000元	转发量100
3		4月30日	微信朋友圈	九宫格图文	直播封面	无	点赞量200

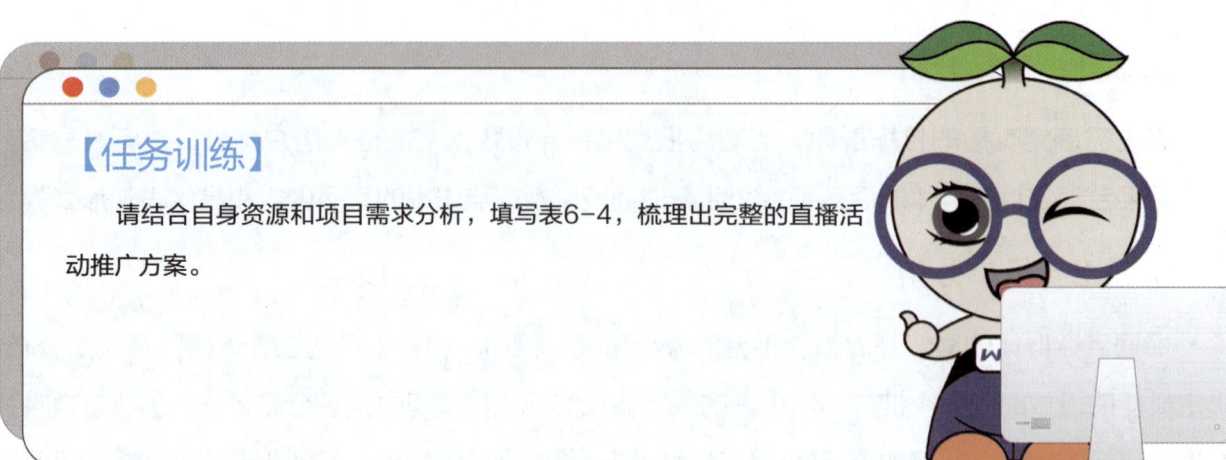

【任务训练】

请结合自身资源和项目需求分析,填写表6-4,梳理出完整的直播活动推广方案。

表 6-4　　　　　　　　　　　直播活动推广方案

序号	目标群体	推广时间	推广渠道	推广形式	推广内容	预估投入	预估效果
1							
2							
3							
4							
5							

思考 & 练习

1. 直播项目的推广渠道主要有哪些?
2. 公域流量和私域流量的本质是什么?
3. 平台外媒体推广渠道具体包含哪些渠道和方式?
4. 短视频推广在直播中占据怎样的地位?

引言

直播运营优化构建在直播复盘基础之上,就像股市收盘后利用静态数据重新审视过程全貌,总结股市涨跌原因、资金流向等,以便于下一步操作时更好地判断出当前的市场行情。通过直播复盘,创业者可全面了解直播运营过程中开播准备、上播执行、下播总结等工作中存在的问题和不足,总结经验和方法,为下一次开展直播活动指出优化方向。对于效果超过预期的直播活动,主播及运营团队需要通盘考察具体哪一环节的经验值得借鉴,并将其核心精髓应用于下一场直播;对于效果未达到预期目标的直播活动,主播及运营团队也需要及时总结失误之处,避免在接下来的直播活动中反复出现相同或类似的失误。总之,没有进行直播复盘或没有提炼直播经验,直播运营优化就无从谈起。直播运营优化和直播复盘是相辅相成、相互佐证的关系。

第 7 章 直播运营优化

7.1 直播运营优化思路

一场完整的直播活动主要包括筹划、实施、推广等几个关键步骤。其中，直播筹划包括直播平台选择、直播内容定位、主播及主播团队组建、资金规划等，直播实施包括直播前相关物品准备、直播中粉丝运营互动、直播后数据分析和效果追踪等，直播推广包括推广渠道构建、私域流量打造、推广内容及方式选择等。各步骤详细内容见本教材其他章节。

直播运营优化可以结合直播运营的全流程进行思考和实践，其核心任务主要包括对直播运营数据进行分析优化及对工作流程中的任务要点进行分析优化两部分。其中，数据分析优化主要是利用客观数据进行复盘分析，工作任务要点分析优化主要是在主观层面对直播过程进行剖析与总结，如图 7-1 所示。

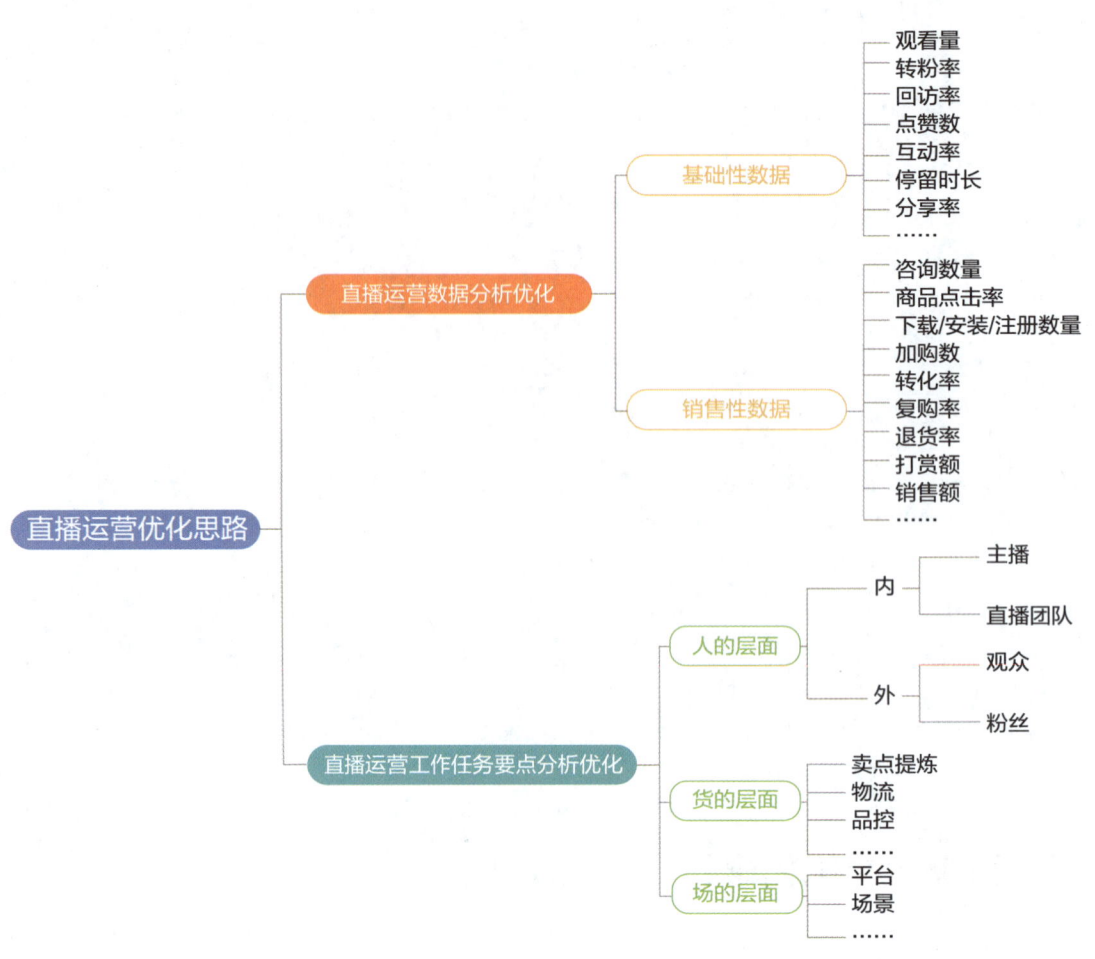

图 7-1 直播运营优化思路

【任务训练】

某服装品牌的直播目标是当晚销售3 000件衣服,直播过程中粉丝与主播的互动热闹非凡,现场气氛无比活跃,直播结束后销售600件衣服。请尝试分析:本次直播营销是否实现了企业的直播目标?该如何有效开展复盘优化工作?

7.2 直播运营数据分析优化

直播运营需要与创业者整体运营目标相结合，而整体运营又必须紧扣其市场营销总目标。因此，在开展直播活动之前，创业者需要准确提炼本次直播的营销目标，在直播后将转化情况与营销目标做比较，分析直播转化效果。

对一场直播活动进行复盘，首先需要从数据层面进行分析。直播运营数据包括直播间的观看量、回访率、互动率、点赞数、销售额、打赏额、转化率、停留时长、商品点击率、加购数、复购率、退货率等。

然而，单纯的直播运营数据分析只能片面地对结果进行总结，直播运营优化还需要将结果与目标进行比较，因此可以对直播运营数据进行有针对性的划分，如观看量、互动率、点赞数、转粉率、停留时长等为基础性数据指标，商品点击率、加购数、复购率、转化率、销售额、打赏额等为销售性数据指标。通过基础性数据和销售性数据的叠加分析，能更加清晰、直观地发现需要优化的问题和方向。

在实际操作过程中，创业者可以将商品品牌与直播活动加以叠加分析。直播活动中关于商品理念和品牌认知的传播是否让观众更加了解了商品及品牌，是否更有效地传递了品牌价值。比如，结合转化率对目标受众与直播间的广大观众进行叠加分析，可以得出目标受众精准画像，在引流过程中需要注意是否有效覆盖此类群体，如果发现进入直播间的多数观众不是目标受众或无法实现流量转化，则需要进一步调整引流策略。又如，结合销售额与商品点击率这两个数据进行叠加分析，结论可能是直播效果很不错，吸引了较多观众进入商品详情页，因而提升了商品点击率，但销售额不高，产生收获了人气却没有达到预期销售目标等问题。

7.2.1 基础性数据分析优化

基础性数据分析优化主要围绕观看量、转粉率、回访率、点赞数、互动率、停留时长及分享率 7 个关键指标展开。

（1）观看量

观看量指的是进入直播间的人数，这一指标与直播间的权重推荐深度关联。一般情况下，加强推广力度可有效增加观看量，如利用社群流量、新媒体流量引流，付费工具推广，裂变优惠券，直播间分享有礼等方式，可全方位、多层次优化直播内容整体输出，以增加进入直播间的观众人数，提升直播间在公域流量的推荐权重。

（2）转粉率

转粉率指的是关注直播间成为粉丝的人数与进入直播间总人数的比值，这一指标与观看量一样，会直接影响直播间的权重推荐。那么，如何优化才能提升转粉率呢？一般可以通过设置关注直播间福利、粉丝福利、入会福利和店铺群福利等方式来实现优化，从而增加进入直播间观众的转粉人数，提升转粉率。

（3）回访率

回访率指的是进入直播间两次及以上的人数与进入直播间总人数的比值，它反映了直播活动内容对观众的吸引程度。主播可以通过加强对粉丝的直播预告推送、预告直播优惠福利等方式进一步提升回访率，以增加进入直播间观众的回访人数。

（4）点赞数

点赞数指的是进入直播间的观众对直播间点赞的数量。点赞数直观反映了直播间的推广效果。那么，如何优化才能增加点赞数呢？可以通过给观众点赞满××抽奖、点赞领取优惠券或红包等方式提升进入直播间观众的积极性，从而增加点赞数。

（5）互动率

互动率指的是进入直播间互动的人数与进入直播间总人数的比值。互动率反映了直播间的活跃度，与上述指标共同决定着直播间的权重推荐。主播可以通过给观众发布任务，如让其在评论区输入"666"，然后截屏抽奖等方式增加进入直播间观众的活跃度，从而提升互动率。

（6）停留时长

停留时长指的是进入直播间的观众在直播间停留的时间长度。停留时长反映了直播间的吸引力，也是权重推荐的重要参考指标。那么，如何优化才能增加停留时长呢？可以通过预告直播间内容安排、整点抽奖、不定时抽奖等方式增加进入直播间观众的黏性，令其产生离开直播间会错过利益的感觉，从而增加停留时长。

（7）分享率

分享率指的是分享直播间链接的人数与进入直播间总人数的比值，这一指标反映了直播间受欢迎的程度，在权重推荐中也具有举足轻重的地位。主播可以通过给观众发布任务，如分享有礼、设置优惠券、引导观众分享抽奖截屏等方式进一步优化进入直播间观众的分享率。

7.2.2 销售性数据分析优化

销售性数据分析优化主要围绕咨询数量、商品点击率、下载/安装/注册数量、加购数、转化率、复购率、退货率、打赏额及销售额9个关键指标展开。

（1）咨询数量

传统线下行业通常不需要通过线上渠道成交，仅通过互联网咨询并达成初步意向，随后在线下实现销售。因此，这类行业的转化情况主要通过咨询数量进行分析。综合直播期间及直播后的QQ咨询数量、网站咨询数量、微信咨询数量等各渠道咨询数据，可以得出直播的咨询转化效果。

（2）商品点击率

商品点击率指的是直播间商品的点击人数与进入直播间总人数的比值，这一指标反映着直播间商品的受欢迎程度，与最终的商品销售存在深度关联。通常情况下，主播可以通过直播贴片引导、先讲解商品再上架商品、详细讲解商品核心卖点等方式进一步优化，增加进入直播间观众的商品点击率。

（3）下载/安装/注册数量

游戏、软件等行业的营销目标不一定是销售情况，有时会是游戏下载数量、软件安装数量、新用户注册数量等。对这类数字进行直播前后的对比，可以计算出直播对下载/安装/注册数量的贡献。针对该指标，可以通过直播内容引导、广告植入等方式进一步优化。

（4）加购数

加购数指的是直播间商品被观众放入购物车的数量，这一指标反映着观众对于直播间商品的第一印象，对后期商品销售具有极大的引导和推动作用。主播可以通过加强购物引导、设置购物优惠等方式进一步优化，以增加进入直播间观众对商品的兴趣，全方位提升加购数。

（5）转化率

转化率指的是进入直播间购买商品的人数与直播间总人数的比值，这一指标反映着直播间商品的购买率，是平台分发公域流量的重要参考指标。主播可以通过发放商品优惠券、完善服务、细致讲解商品卖点等方式进一步优化，以增加进入直播间观众的转化率。

（6）复购率

复购率指的是二次进入直播间购买商品的人数与直播间总人数的比值。复购率直接反映了商品受欢迎的程度，是衡量一场直播活动成功与否的重要指标。主播可以通过发放商品优惠券、满减、折上折、派发会员福利等方式进一步优化，以增加进入直播间观众的复购率。

（7）退货率

退货率指的是商品退货笔数与直播间商品成交笔数的比值，这一指标反映着直播间商品的性价比是否符合大多数消费者的预期，对直播间权重推荐有着重要影响。主播可通过严格选品、严控品质、不夸大介绍商品、不随意给予承诺等方式进一步优化，以降低直播间商品的退货率。

（8）打赏额

打赏额指的是直播间观众对主播打赏的金额，这一指标反映着直播间观众对主播和直播活动的认可程度。打赏额直接影响平台流量的分发。主播可以通过打造人设、运用互动技巧、展示特殊才艺等方式进一步优化，以提升直播间的打赏额。

（9）销售额

销售额指的是直播间的下单金额，由商品客单价及销售数量决定。销售额在很大程度上决定了直播间的权重推荐。优化提升销售额是一项系统工程，几乎需要通过上述所有指标的优化来实现。

此外，创业者还可以对下单转化率和成交转化率进行分析。

下单转化率指的是当日下单人数与当日浏览的人数比值。如果店铺浏览人数激增而下单人数很少，说明直播向店铺引流的目的已经达到，但是由于商品详情页吸引程度不够而导致下单人数较少，后续运营则需要注重提升店面形象。

成交转化率指的是当日付款人数与当日下单人数的比值。如果下单人数多而成交转化率低，说明店铺的支付功能可能存在问题，后续运营需要重点改善支付功能，或者更换销售平台。

通过对上述数据的分析，创业者可清晰、直观地发现直播活动中存在的问题，进一步明确优化的内容和方法，归结起来，可以通过表7-1综合体现。

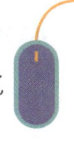

第 7 章 直播运营优化

表 7-1　　　　　　　　　　　直播运营数据分析优化建议

优化项		优化建议
基础性数据	观看量	利用社群流量、新媒体流量引流，付费工具推广，裂变优惠券，直播间分享有礼等方式进一步优化
	转粉率	通过设置关注直播间福利、粉丝福利、入会福利和店铺群福利等方式进一步优化
	回访率	通过加强对观众的直播预告推送、预告直播优惠福利等方式进一步优化
	点赞数	通过给观众点赞满××抽奖、点赞领取优惠券或红包等方式进一步优化
	互动率	通过给观众发布任务，如令其在评论区输入"666"，然后截屏抽奖等方式进一步优化
	停留时长	通过预告直播间内容安排、整点抽奖、不定时抽奖等方式进一步优化
	分享率	通过给观众发布任务，如分享有礼、设置优惠券、引导观众分享抽奖截屏等方式进一步优化
销售性数据	咨询数量	通过设置咨询转化载体、理顺咨询流程和完善对接服务等方式进一步优化
	商品点击率	通过直播贴片引导、先讲解商品再上架商品、详细讲解商品卖点等方式进一步优化
	下载/安装/注册数量	通过直播内容引导、广告植入等方式进一步优化
	加购数	通过加强购物引导、设置购物优惠等方式进一步优化
	转化率	通过发放商品优惠券、完善服务、细致讲解商品卖点等方式进一步优化
	复购率	通过发放商品优惠券、满减、折上折、派发会员福利等方式进一步优化
	退货率	通过严格选品、严控品质、不夸大介绍商品、不随意给予消费者承诺等方式进一步优化
	打赏额	通过打造主播人设、运用互动技巧、展示特殊才艺等方式进一步优化
	销售额	通过上述所有指标的优化来实现

【任务训练】

某店铺在直播后统计出以下数据：直播间观看量15 000人，商品点击人数2 000人，下单人数300人，付款人数50人。请结合相应的数据结果，尝试分析影响直播转化效果的主要因素有哪些。

7.3 直播运营工作任务要点分析优化

直播数据分析是通过分析直播后获取的直观数据来获取对直播活动客观效果的认识。然而,一场直播活动下来,有很多工作环节无法通过数据直接评价,如直播流程设置、直播团队协作分工、主播的表达和控场能力、商品的运营和品控等,这些需要经由主观层面的分析判断方能得出结论,需要直播运营团队通过工作流程和任务分析探讨总结,以便发现过程中存在的问题,找到解决问题的方法。

本节内容将围绕直播运营的工作任务流程及内容要点,如人(主播人设、粉丝运营、团队优化)、货(商品卖点提炼,货源选择、品控及物流能力提升)、场(平台选择、场景优化)等不同层面,提出分析优化的具体方案。直播运营工作任务涵盖直播筹划、直播实施及直播推广全过程,具体内容见表 7-2。

表 7-2　　　　　　　　　　直播运营工作任务内容

直播筹划	直播实施			直播推广
	上播前	开播中	下播后	
直播平台和场景选择	物料准备	吸引粉丝的眼球	总结直播过程中遇到的问题	确定推广计划
直播内容定位	场景布置	吸引粉丝的视听	总结销售情况是否符合预期目标	选择推广渠道
主播及运营团队组建	功能熟悉	吸引粉丝兴趣,刺激粉丝购买欲,建立互动和信任关系	总结粉丝问题是否回答到位,掌握复盘流程	打造私域流量
资金准备及使用规划	人设打造商品管理	播—粉互动,令粉丝对主播产生价值认同	复盘过程中整理分析直播过程中产生的各项数据	完善推广内容

7.3.1 对人的层面分析优化

(1)主播人设

人设可以令主播具备鲜明立体、便于记忆和传播的风格,用一个或几个关键词清晰刻画主播形象,可以令消费者印象深刻。

打造主播人设应遵循三个基本原则,即与众不同(令观众产生新鲜感)、印象深刻(拉近与观众的距离)、还想见到(引起观众的关注欲),如图 7-2 所示。

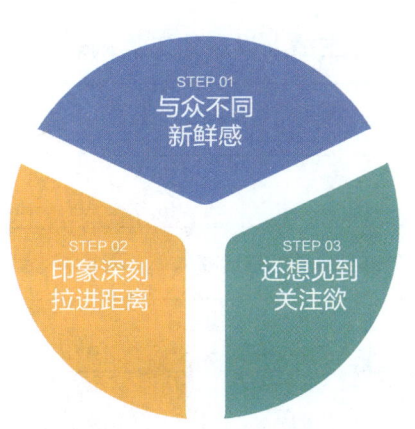

图 7-2　打造主播人设原则

表 7-3 是主播人设规划工具示例,供创业者参考。

表 7-3　　　　　　　　　　主播人设规划工具示例

账号昵称	猪哥	账号昵称亲切、接地气,令粉丝清晰知晓销售背景,目的性明确
个人背景	自家有养猪场,农二代	背景和从业经历都可以作为规划因素
从业经历	IT 程序员	IT 男卖猪肉,满足受众猎奇心理,通过话题营销吸引粉丝
教育背景	工科大学 IT 专业	以专业背景强化主播人设
性格魅力	幽默/段子手	直播吸粉最大因素是主播性格幽默、真实、有趣
专业背景	JAVA 程序员	专业背景情况说明
擅长领域	编程/猪肉销售	凸显专业程度
粉丝群体	白领/家庭主妇	追求一定生活品质的受众群体
销售商品	有机黑猪肉	商品与主播背景和性格不违和,幽默风格更有助于吸引粉丝

【任务训练】

请结合主播人设规划的基本原则,参考工具示例,完成表7-4,对自身直播项目中的主播进行人设规划训练。

表 7-4　　　　　　　　　　　主播人设规划工具列表

账号昵称	
个人背景	
从业经历	
教育背景	
性格魅力	
专业背景	
擅长领域	
粉丝群体	
销售商品	

（2）粉丝运营

● **互动管理**。大量实践经验表明，主播及运营人员利用弹幕与观众维系互动是优化直播内容和直播流程的有效方式。在具体执行过程中，主播可根据直播主题适时向用户征询相关问题，包括对商品的价值需求、价格预期、改进建议等；定期或不定期在直播间开展有奖问答或抽奖活动，以实际利益刺激观众发布弹幕内容，强化互动氛围；对于弹幕区的一些较负面评价，必要时做出消除观众疑虑和不满情绪的解释。

值得注意的是，当直播间出现恶意评论时，主播要以平和、从容的心态应对，切勿在直播间大发脾气，甚至与观众发生争吵。与此同时，后台管理人员也需要通过合适的方式及时对恶意评论的观众禁言，并在恰当的时机删除负面信息。

● **诱导关注**。从某种程度上讲，主动关注直播间观众的转粉率最高，流量转化为留量的概率最大。因此，在直播活动中，主播可通过卖点精讲、手势引导、奖品派发等方式促使观众主动关注直播间；通过设置关注激励，如关注直播间送优惠券、关注满多少人送一波红包等方式促进关注人数增长。

● **促进成交**。每场直播活动都应该设定一项可衡量的数据指标或效果指标。例如，淘宝直播间的观众一般都有明确的购物导向，这类观众的需求在于找到可信赖的主播为自己的购物诉求做引导，因而直播活动的观看效果不能作为评价节目质量的标准，唯有可以量化的成交结果才能用于评价直播活动的效果。在淘宝直播中，最终成交的商品数量和销售额直观反映出直播内容对观众的吸引力。而为达到成交量目标需要提升的数据包括直播间观众数量和观众观看行为的质量，反映前者的数据指标包括直播间流量、最高在线人数等，反映后者的数据包括人均在线时长、互动率、弹幕数等。依此类推，能够提升直播间流量、最高在线人数的数据包括关注数（引导用户进场）以及过程中增加的观众数量，而关注数的提升也会带动整场直播活动的账户活跃程度（人均在线时长、互动率等），具体如图7-3所示。

图7-3 促进成交的三个阶段

（3）团队优化

在团队优化过程中，要将主播打造成团队中的核心人物；运营团队要充分熟悉直播活动规划、直播脚本设计、商品上架、现场协调、粉丝管理等；美工团队要能够熟练设计海报、商品详情页，并剪辑短视频等。值得一提的是，在各项条件允许的情况下可配备副主播，以协助主播关注公屏互动，配合主播暖场，提醒主播把控直播节奏、调节冷场氛围等。

7.3.2 对货的层面分析优化

内容类直播所对应的货层面在具体形式、风格和方向上多种多样，如娱乐型内容类直播侧重歌舞表演、才艺展示、秀技演播等，生活型内容类直播侧重有趣的生活情景、幽默新奇的人和事等，知识型内容类直播侧重某一专业领域的前沿观点展示、创新观念传递等。而对于电商类直播，其所对应的货层面则主要指具体的商品销售。由此可见，不同类型直播中货的本质都无法脱离商品或服务的展示和推广，但其内涵和外延不尽相同。横向比较来看，电商类直播对主播人设和综合能力的要求更高，对应的货层面也需要更多的优化。在具体实施过程中，货层面分析优化重点围绕商品卖点提炼和货源选择、品控及物流能力提升等方面进行。

（1）商品卖点提炼

商品卖点提炼重点围绕三大要素展开，即商品的性质、商品的特点和商品的利益，如图7-4所示。

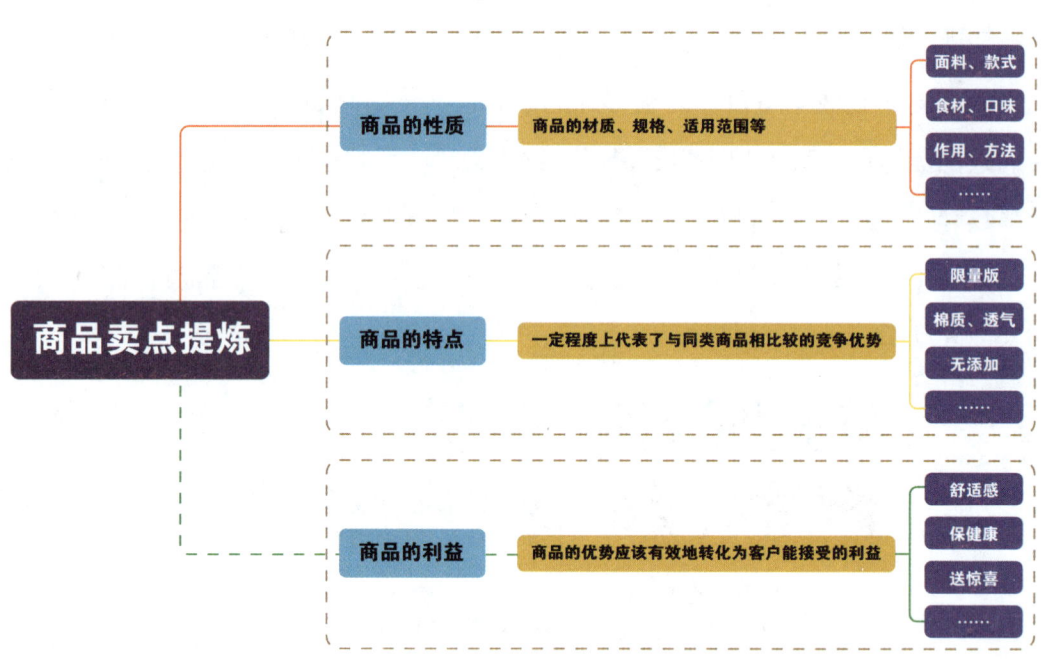

图 7-4　商品卖点提炼的三大要素

那么，如何提炼商品的性质、特点和利益这三大要素呢？如图 7-5 所示，商品卖点提炼以"内外兼修、立体提炼"为指导原则，主要围绕上下卖点、内外卖点、不可见卖点三个方面展开。从市场营销的角度分析，上下卖点主要包括商品优势、优势识别、需求满足优势等纵向层面，内外卖点主要包括商品材质、技术优势、包装特色等横向体系，不可见卖点主要包括品牌形象、品牌理念、品牌价值等综合溢价指标。

当然，创业者也可以从更加精细化的角度进一步优化商品卖点，具体参考维度包括价格、服务、效率、质量、稀缺、方便、实力、附加值、选择、重塑认知、情感需求、社交需求和价值共鸣。

图 7-5　提炼商品卖点的方法

- **价格**。价格是影响消费者购买决策的重要因素之一，是市场营销中最敏感的指标。创业者可结合竞品价格对自身商品进行销售分析，进而考虑在具体的定价层面是否还有改进的余地。

- **服务**。在市场营销中，商品销售往往面临着可替代的同质化竞争风险，想要获得消费者的青睐，就必须在商品或品牌上植入更多的个性化服务元素。"服务即营销"是营销界的经典名言，提升服务质量、扩展服务范围是提高商品销量和提升品牌美誉度的良方。创业者在规划并实践各个环节的服务内容时，要善于发现消费者的痛点和需求点，以持续改善消费者的服务体验，并进一步形成口碑传播效应。

- **效率**。消费者线上购物的普遍心理诉求是能第一时间收获心仪的商品。在激烈的市场竞争中，提升服务效率是每位创业者都必须面对和思考的问题。在实际操作过程中，通过简化步骤、优化服务、完善流程等，可进一步提升服务效率。

- **质量**。高质量的商品是获得消费者满意评价的核心指标。没有质量的保障，即便免费赠送也无法开拓出真正的市场需求。创业者在选品时应严把质量关，通过不同的推广渠道和推广方式使消费者清晰知晓商品质量优势，做到宣传"酒香"的同时令消费者真正感受到"酒香"。

- **稀缺**。"人无我有"是商业制胜之道，但任何高回报的商业形态最终都有可能被拉回至平均利润水平，这是市场竞争加剧导致稀缺性丧失的必然结果。创业者要时刻保持市场敏锐度，对自身商品的市场地位和竞争因素保持清醒认知，通过持续创新令商品或品牌在激烈的市场竞争中获得稳定的发展前景。

- **方便**。方便是优化消费者体验的重要指标。在提炼商品卖点过程中，创业者要考虑商品或服务能否在原有基础上给予消费者更多的便利。

- **实力**。实力指的是企业或商家呈现给消费者的各项综合能力的总称。通过有针对性的策划和推广构建消费者对企业资质、商品资质、客户反馈、品牌价值等各项实力的综合认知，可令消费者对购买的商品更加放心。

- **附加值**。附加值是商品或品牌溢价的体现，可表现为商品本身的价值增值，也可表现为附赠更多衍生商品或服务，其本质是给予消费者"更加值得"的心理感受。创业者在提炼商品卖点过程中，如果上述指标的优化余地有限，则可通过增加附加值进一步提升消费者体验。

- **选择**。"货比三家"是一种普遍性的消费心理，一方面是因为选择代表一种权利和掌控力；另一方面是因为消费者在购买前处于弱势地位，只有通过比较才能做出最有利于自己的购买决策。在提炼商品卖点过程中，更多选择在某种程度上意味着更多价值，从而在更深、更广的层面占据消费者心智资源。创业者在商品优化过程中,要从多个角度综合考量是否给予了目标群体足够的选择权,并且是在同一时间和同一空间做出选择。

- **重塑认知**。将行业内习以为常的生产流程、生产工艺甚至生产环境公开展示,以此改变或改善目标群体对商品的固有认知。例如,某知名餐厅设计了透明厨房,令顾客直观感知菜品制作的全过程,以期最大限度地消除顾客的购买疑虑,从而带来更大程度的销售提升。

- **情感需求**。利用共情力带动销售是营销高手常用的方法,当主播大肆宣扬商品却没有销售转化的时候,创业者要及时反思一个问题,即从刺激消费者情感的角度入手能否进一步改善商品的销售。从大量实践经验来看,孝敬父母和公益爱心是打动消费者的两种常用方法,创业者可从这两个角度深挖商品卖点以开展营销推广。

- **社交需求**。社交需求位于马洛斯需求层次理论中的第三层次。社交需求的基本前提是不同个体围绕同一话题参与探讨,创业者要善于为商品创造故事内涵,通过话题营销提炼和传播商品卖点。

- **价值共鸣**。价值共鸣是情感需求的高级版本,位于商品卖点提炼体系中的最高层次。价值共鸣对于初创者而言具有较高难度,但作为一种思考的维度,创业者对此有所涉猎也是必要的。从大量实践经验来看,价值共鸣以独特的视角和运作模式推动了商品创新和品牌价值提升,常用的价值共鸣点包括独特的人格魅力、匠人精神、可持续发展理念等。

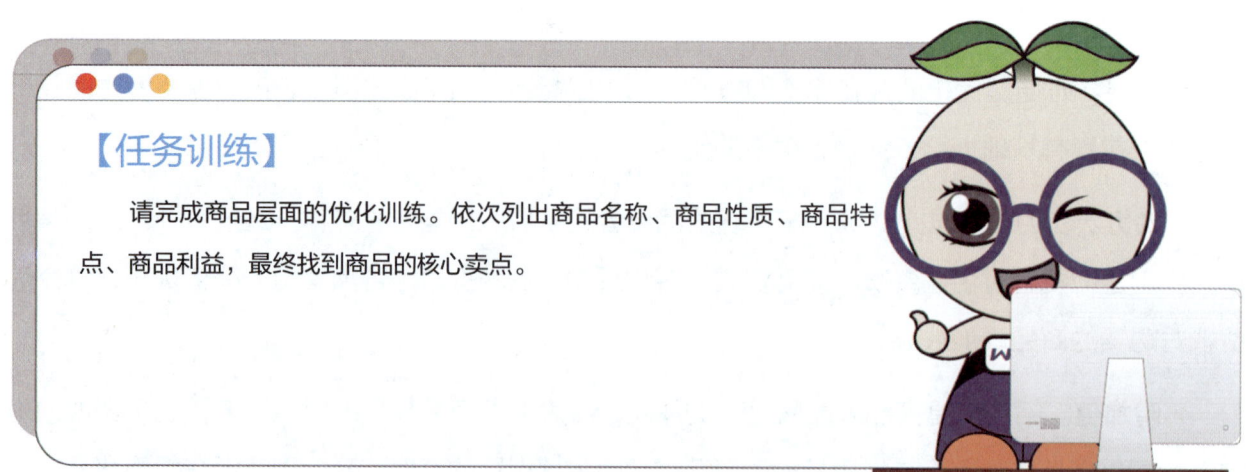

【任务训练】

请完成商品层面的优化训练。依次列出商品名称、商品性质、商品特点、商品利益,最终找到商品的核心卖点。

（2）货源选择、品控及物流能力提升

直播间货源选择及优化一般可从品质、价格、市场、售后和服务等维度考虑,如图7-6所示。直播运营优化过程中,建议主播通过亲身体验的方式确保货源品质。

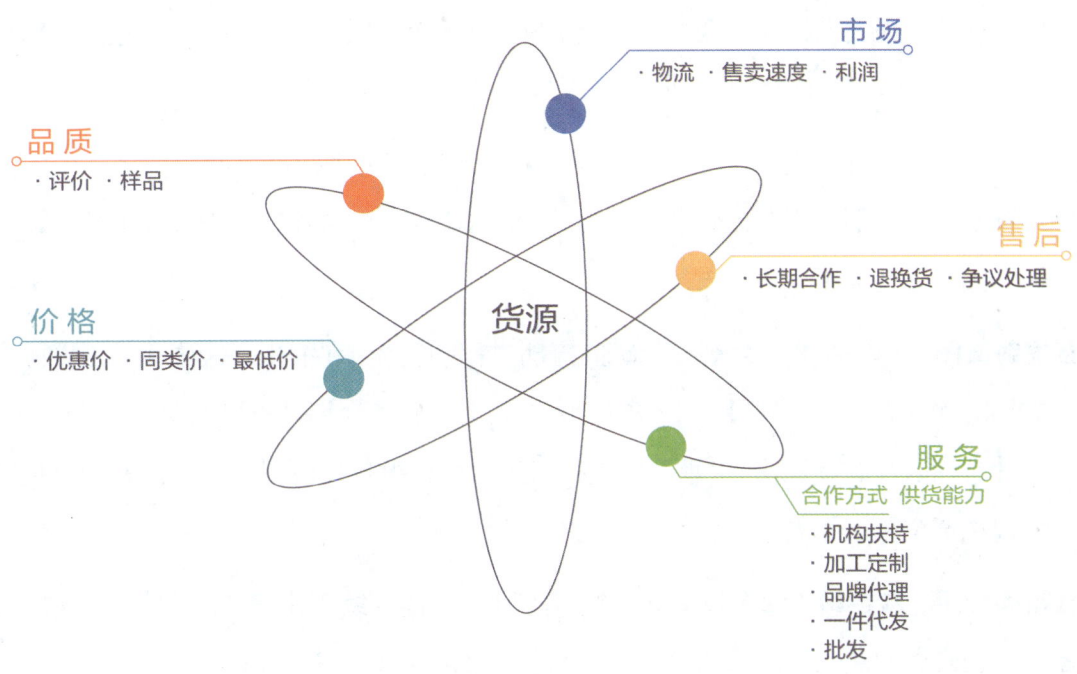

图 7-6　直播间货源选择及优化维度

另外，良好的物流服务也是货层面优化的前提和保障，主播及运营团队要将提升物流水平放在项目运营的战略位置，以全局利益为出发点管理采购、仓储、配送和运输等整条线的物流活动，并在实践中不断重组优化各类相关因素，以全面提升物流水平。

7.3.3　对场的层面分析优化

（1）平台选择

直播平台的分类及入驻条件、内容定位、分佣方案、服务群体、平台流量等内容已在前面的章节中详尽阐述。通过一段时间的实践，创业者已初步了解各直播平台的规则、推广渠道、推广方式以及项目运营实施的基本方法。在探讨如何优化直播效果的问题时，创业者也可回到前面章节中，结合直播项目的价值定位、主播的人设定位、商品的销售定位等逐项进行对比，以进一步找到更合适的直播平台。

（2）场景优化

直播间场景的优化可重点从主播/直播间命名、直播封面图、直播间介绍/欢迎词等角度去考量。

- **主播/直播间命名。**

方式一：采用"自身特质+定语+商品特性"命名。这种命名方式定位精准，能够让受众一眼便了解主播/直播间的目标观众，从而吸引并扩大相应的受众群体，如"出生在翡翠世家的刘大哥"。

方式二：标题党命名。这种命名方式需要为每场直播活动找到匹配的关键词，再结合一些流行的网络词汇，以实现吸引目标受众、扩大吸粉范围的效果。例如，直播间限时秒杀、百元红包疯狂派送、抽奖好礼停不下来等。

- **直播封面图**。初创者要学会观察和研究直播过程中沉淀下来的日常数据和历史数据，通过基于客观数据的深入分析，找到最具传播力的图像共性，并结合每场直播的定位需求，找到最合理的图像设计方向以及最具表现力的图像元素。直播封面图的效果改进是一项无止境的工作，创业者要结合自身资源和实际需求分析，在实践中不断优化。

- **直播间介绍/欢迎词**。每个直播间的定位不同，如何持续优化直播间的介绍/欢迎词，令新进直播间的观众快速建立亲切感和信任感是创业者需要不断思考的问题。

创业者可结合自身资源及项目具体情况思考：直播间的特色是什么？频道栏目是什么？直播活动的播出时段是什么？直播活动主要包含哪些内容？下一场直播活动会给观众带来什么体验？

7.4 直播运营优化方案实施

通过学习直播运营数据分析优化和直播运营工作任务要点分析优化，创业者应该较为系统地构建了直播运营层面从理论分析到执行要点的全面认知，下一步工作是运营优化方案的实施。这里为创业者提供了直播运营优化方案实施的工具表单，供参考。

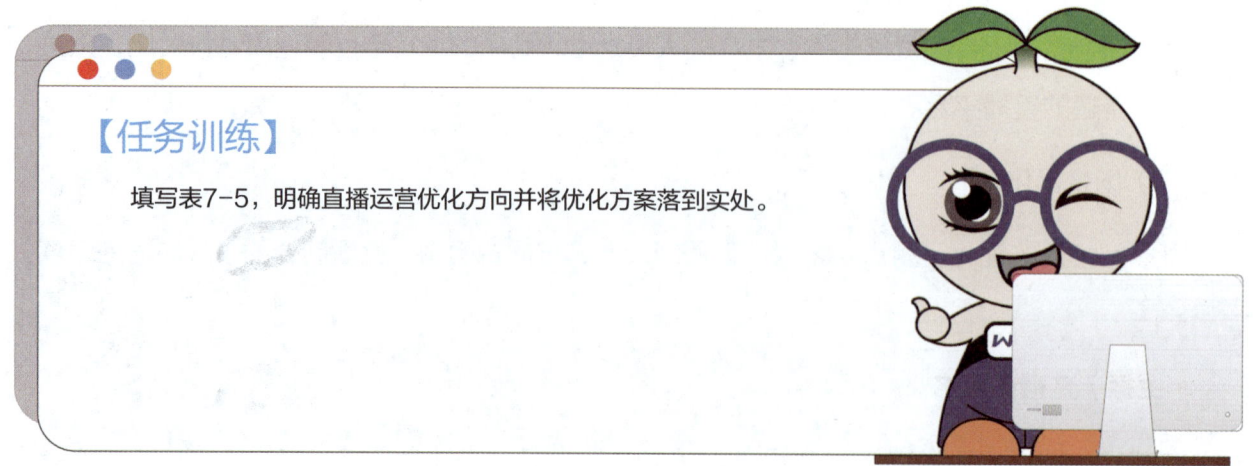

【任务训练】

填写表7-5，明确直播运营优化方向并将优化方案落到实处。

第 7 章 直播运营优化

表 7-5　　　　　　　　　　　直播运营优化方案实施工具表

优化维度	问题及优化
基础性数据分析优化	
观看量	
转粉率	
回访率	
点赞数	
互动率	
停留时长	
分享率	
销售性数据分析优化	
咨询数量	
商品点击率	
下载/安装/注册数量	
加购数	
转化率	
复购率	
退货率	
打赏额	
销售额	
工作任务要点分析优化	
人	
货	
场	

思考 & 练习

1. 直播运营优化的基础和前提是什么？
2. 直播运营优化思路包含哪两个层面？
3. 销售性数据分析优化的 9 大关键指标是什么？
4. 直播运营工作任务要点分析优化包含哪几个方面，具体包含哪些内容？

附录

相关政策文件要点摘录

附录 相关政策文件要点摘录

一、人力资源社会保障部关于实施职业技能提升行动创业培训"马兰花计划"的通知

1. 发文单位：人力资源社会保障部

2. 发文字号：人社部函〔2020〕109号

3. 发文日期：2020年11月4日

4. 要点摘录：

> 二、工作目标
>
> 实施"马兰花计划"，健全并完善政府引导、社会参与、创业者自主选择的创业培训工作机制。创业培训机构突破5 000家，并结合高技能人才培训基地建设，发展一批更高水平、更具影响力的创业培训示范基地。培育一支覆盖各类培训课程的创业培训师资队伍，力争年培训量不低于8 000人，参照技能大师工作室做法，支持优秀创业培训师资等成立创业指导工作室。扩大创业培训规模，提升创业培训质量；2021年培训量不低于200万人次，力争年培训量逐年有所提高。
>
> 三、工作措施
>
> （一）明确创业培训内容。针对不同的创业阶段有针对性地开展创业培训。准备创业

和创业初期的人员可参加创业意识、创办企业、网络创业、创业（模拟）实训等培训课程，提升项目选择、市场评估、资金预测、创业计划等能力；已经成功创业的人员可参加改善企业和扩大企业的培训课程，健全管理体系，制定发展战略，抵御外部风险，稳定企业经营，扩大就业岗位。

（二）扩大创业培训群体范围。创业培训要面向有创业意愿和培训需求的城乡各类劳动者。重点对贫困家庭子女、贫困劳动力、城乡未继续升学初高中毕业生（以下简称"两后生"）、各类职业院校（含技工院校，下同）学生、高校学生、离校2年内未就业高校毕业生、农村转移就业劳动者、返乡入乡创业人员、乡村创业致富带头人、下岗失业人员、转岗职工、小微企业主、个体工商户、就业困难人员（含残疾人）、退役军人、即将刑满释放人员等开展创业培训。

（三）促进技能与创业创新结合。推动职业院校创业创新培训，将创业创新课程纳入教学计划，使有创业意愿和培训需求的学生都有机会参加创业创新培训。依托技能大师工作室等开展多种形式的创业创新活动，将学生在校期间开展的"试创业"实践活动纳入政策支持范围。依托各地创业培训师资培训计划，加速职业院校创业培训师资培养。

（四）完善创业培训资源建设。依托《创业培训标准（试行）》，开发适用于不同创业群体、不同创业阶段的创业培训课程和教材，构建创业培训课程库和案例库。完善灵活多样的培训模式，积极采取小班互动式教学，辅以创业实训、观摩游学、创业指导等。探索"互联网＋创业培训"，有条件的地区可按照有关要求规范试点翻转课堂等线上学习与线下培训相融合的培训模式。加强网络创业培训技术平台的课程设置、教学管理和后续服务等功能建设。

（五）促进创业培训机构发展。加强创业培训机构规范管理，指导创业培训机构严格按照《创业培训标准（试行）》开展创业培训，强化培训效果评估和培训后续服务。广泛发动更多优势资源参与创业培训，支持符合条件的职业培训机构、就业创业培训（实训）中心、各类职业院校、高校、创业孵化基地、众创空间等实体开展创业培训。鼓励培训机构将培训服务"送上门"，为各类职业院校、高校、企业等机构组织提供培训课程、师资等创业培训优质资源。

（六）加强创业培训师资队伍建设。各地要进一步加强创业培训师资管理，完善进出、考评和激励机制。建立创业培训师资库，实现创业培训师资动态管理。制定长期师资培养计划，定期组织各类创业培训师资培训，并通过提高培训、研讨交流、教学观摩、讲师大赛等活动，提升创业培训师资培训指导能力。鼓励有条件的地区根据创业培训师资培训需求，探索创新市场化师资培训模式。持续组织"马兰花全国创业培训讲师大赛"，以赛促培训，以赛促交流，以赛促提高。

（七）完善创业培训质量监控体系。依托《创业培训标准（试行）》，完善创业培训质量监控和效果评估体系。利用大数据、区块链等技术，完善创业培训管理工作，加强创业培训信息化平台建设，做好创业培训日常管理、过程监督、培训考核、证书管理、效果评估、资金管理等一体化管理服务，实现培训机构全覆盖、培训人员全实名、培训资金全记录、培训过程可追溯、培训质量可监控。

（八）强化创业培训后续服务。加强创业培训与创业服务的有效衔接和统筹推进。依托人力资源社会保障部门公共创业服务机构，为参加培训的创业者提供开业指导、创业担保贷款、创业孵化、创业见习、企业咨询等服务，推动开展线上创业服务。吸纳创业培训师资、创业指导师、企业家、投资人等建立创业导师库，有条件的地区可结合本地实际，探索支持优秀创业导师成立工作室。

（九）推动创业培训助力脱贫致富。各地要加强对贫困地区、农村地区、边远地区的创业培训指导。结合乡村创业特点和培训需求，开发创业培训指导课程。加强贫困地区创业培训师资队伍和创业导师队伍建设。挖掘宣传返乡入乡人员、乡村创业致富带头人和扶贫创业培训师资的典型事迹。

二、关于印发《马兰花创业培训线上线下融合的技术指引（2020版）》的通知

1. 发文单位：中国就业培训技术指导中心

2. 发文字号：中就培函〔2020〕53号

3. 发文日期：2020年11月13日

4. 要点摘录：

1. 培训内容

开展线上线下融合的创业培训要充分发挥原有面对面教学优势和数据时代新技术优势，推进培训模式和管理手段不断创新。线上培训可进行以理论知识传授和练习为主的内容，如项目课程介绍、练习作业讲解、理论知识考核、知识拓展辅助教学等；线下培训可进行以创业能力训练和指导为主的内容，如学习小组建立、知识应用与经验分享、店铺管理运营实践、调查研究分析、实操沙盘演练、创业计划指导、实践结果考核等。随着技术逐步成熟，可根据教学实际效果，尝试更多内容向线上融合。

2. 课时要求

线下课时原则上不低于总课时的70%。针对网络创业培训相关课程及青年学生群体的创业培训，各地可根据实际情况适度调整课时比例，线下课时原则上不低于总课时的50%。

3. 授课形式

线上培训根据地区条件和对象群体的实际情况，可选择录播、直播或直播与录播相结合的形式。鼓励线上高互动教学形式的探索和实践，以提升创业培训线上线下融合的授课效果。

……

7. 平台功能

各地创业培训主管部门及培训机构应根据实际教学需求，引进或开发适用于线上线下融合的创业培训的教学管理服务平台。平台选择应符合当地有关部门的管理要求，注重用户隐私保护和平台信息安全，确保平台运营合法合规。平台需具备基础教学和监督管理功能，实现学习内容可回放，学习记录可追溯，学习效果可评价。平台应实现与我中心创业培训技术服务管理平台互联互通、信息共享。

7.1 基础教学功能应实现课件（视频）播放、连麦、限时答题、弹幕、点评、留言、在线答疑等互动功能，确保交流效果。如平台提供课程资源，应由当地创业培训主管部门组织培训师或讲师审定后方可使用，具体使用方式应参照每期培训班授课讲师的课程设计。

7.2 监督管理功能应实现签到核验、过程记录、考核点评、学习档案建立、学情统计分析等功能，并鼓励通过技术手段进一步实现培训过程中的人脸识别、学习状态评价、体验效果评估等功能。平台应为当地创业培训主管部门提供账户，以便于核验考勤、查看教学及浏览数据。

附录 相关政策文件要点摘录

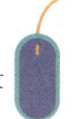

三、关于印发《网络创业培训技术要点》的通知

1. 发文单位：中国就业培训技术指导中心

2. 发文字号：中就培发〔2021〕2号

3. 发文日期：2021年4月1日

4. 要点摘录：

第五章 网络创业培训教学辅助平台服务技术要点

第二十二条 网络创业培训教学辅助平台（以下简称教学辅助平台）分为讲师培训教学辅助平台和学员培训教学辅助平台；讲师培训教学辅助平台由部中心统一开发提供；学员培训教学辅助平台由各地创业培训主管部门根据技术要点自主选择引进或自主开发。

第二十三条 学员培训教学辅助平台是为加强教学监督评估，降低学员在真实平台的实践风险，确保学员在规定学时内高效完成培训及创业实践任务的模拟实操平台。

第二十四条 学员培训教学辅助平台应包括但不限于模拟训练、培训考核、培训管理、后续服务四个功能。在确保支持电脑端使用的基础上，鼓励实现移动端应用。

（一）模拟训练功能

模拟训练功能包括模拟商城和模拟供销系统，满足网络创业培训线上实操教学需求。模拟商城为学员模拟真实电商创业环境，支持学员练习店铺注册、商品管理、交易管理、店铺管理、促销管理、客服管理等操作要点；模拟供销系统支持产品一键上架、订单抓取、库存同步及发货、退换货等功能，并与模拟商城实现数据交互。模拟训练帮助学员熟悉电商实操流程，避免因不熟悉真实电商平台规则而出现的各种处罚等风险。

鼓励有条件的地区或平台开发模拟直播电商功能，满足学员直播电商创业需求。模拟直播电商应实现模拟店铺直播间实时商品发布、管理、交易及留言、点赞等功能，并与模拟商城数据账号联通。根据网络创业发展趋势及网络创业培训学员需求，可探索拓展模拟训练功能，提升培训效果。

（二）培训考核功能

培训考核功能主要帮助培训机构和讲师完成培训考勤和结果考核，包括出勤考核、课堂表现考核和培训结果考核。支持学员在线提交实践成果、《网络创业规划书》，评分讲师在线评审打分，学员打印《网络创业规划书》等功能。

鼓励有条件的地区探索线上线下融合的网络创业培训，并通过平台实现实名认证、人脸识别核验、电子签名等出勤考核功能。

（三）培训管理功能

培训管理功能主要帮助创业培训主管部门完成培训监督和效果评估，包括学员信息录入（或导入）、开班申请、监督评估工具表单提交、材料报送、后续跟踪、统计分析等。

鼓励有条件的地区探索线上线下融合的网络创业培训，通过平台实现音（视）频监控及禁止切屏，考核成绩按班级、区域、时间、机构等实时统计分析，电子证书生成、发放、查询等功能，并与当地实名验证系统、已有创业（职业）培训管理信息系统、部中心创业培训技术服务管理平台互联互通、数据共享。

（四）后续服务功能

后续服务功能包括在线学习、资源对接等功能，以满足学员和讲师的能力提升需求。在线学习可结合网络创业培训课程内容，持续补充提供更多教学资源；资源对接可展示融资、孵化、咨询、指导等服务资源信息，帮助学员高效匹配所需服务。

鼓励有条件的地区或平台可探索开发融合创业培训及后续服务的综合门户，实现一站式服务。开发后续服务的监督评估功能，实现后续服务过程可记录、可统计，为创业培训主管部门、培训机构及创业指导工作室开展后续服务提供数据支撑。